FIGURAS E FORMAS

KÁTIA CRISTINA STOCCO SMOLE
Doutora em Educação – Área de Ciências e Matemática – pela FEUSP.
Coordenadora do Mathema.

MARIA IGNEZ DE SOUZA VIEIRA DINIZ
Doutora em Matemática do Instituto de Matemática e Estatística da USP.
Coordenadora do Mathema.

PATRÍCIA TEREZINHA CÂNDIDO
Licenciada e Bacharel em Matemática pela PUC/SP.
Pesquisadora do Mathema.

S666f   Smole, Kátia Stocco.
         Figuras e formas / Kátia Stocco Smole, Maria Ignez
   Diniz, Patrícia Cândido. – 2. ed. rev. – Porto Alegre : Penso,
   2014.
         200 p. : il. color. ; 21x28 cm. – (Matemática de 0 a 6,
   v.3)

         ISBN 978-85-65848-99-2

         1. Educação. 2. Matemática. I. Diniz, Maria Ignez. II.
   Cândido, Patrícia. III. Título.

                                                     CDU 37:51-053.2

Catalogação na publicação: Poliana Sanchez de Araujo CRB10/2094

FIGURAS E FORMAS

MATEMÁTICA DE 0 A 6

KÁTIA STOCCO SMOLE
MARIA IGNEZ DINIZ
PATRÍCIA CÂNDIDO

2ª Edição revisada

penso

2014

© Penso Editora Ltda., 2014

Capa: *T@t studio*

Preparação do original: Elisângela Rosa dos Santos

Supervisão editorial: Mônica Ballejo Canto

Projeto gráfico
Editoração eletrônica

artmed®
EDITOGRÁFICA

Reservados todos os direitos de publicação, em língua portuguesa, à
PENSO EDITORA LTDA., uma empresa do GRUPO A EDUCAÇÃO S.A.
Av. Jerônimo de Ornelas, 670 – Santana
90040-340 Porto Alegre RS
Fone (51) 3027-7000 Fax (51) 3027-7070

É proibida a duplicação ou reprodução deste volume, no todo ou em parte, sob quaisquer formas ou por quaisquer meios (eletrônico, mecânico, gravação, fotocópia, distribuição na Web e outros), sem permissão expressa da Editora.

SÃO PAULO
Av. Embaixador Macedo Soares, 10.735 – Pavilhão 5 – Cond. Espace Center
Vila Anastácio – 05095-035 – São Paulo SP
Fone (11) 3665-1100 Fax (11) 3667-1333

SAC 0800 703-3444 – www.grupoa.com.br
IMPRESSO NO BRASIL
PRINTED IN BRAZIL
Impresso sob demanda na Meta Brasil a pedido do Grupo A Educação.

Apresentação

Este livro complementa a coleção no sentido da formação da criança da Educação Infantil no que diz respeito à percepção do mundo que a cerca.

Como tradicionalmente o ensino de geometria não vai além do reconhecimento e da nomeação das figuras geométricas, nossa proposta é organizar as ações de sala de aula com materiais e recursos diversos de modo que o aluno possa desenvolver sua percepção espacial e estética, interagindo com figuras em um ambiente que contém atividades desafiantes, jogos, brincadeiras. Para nós, o ensino de geometria pode alcançar o desenvolvimento da criança no que se refere ao seu esquema corporal e às noções relativas ao espaço, bem como a uma grande variedade de propriedades das figuras planas e dos sólidos geométricos.

Dessa forma, esperamos que este livro possa contribuir para que o ensino de matemática na Educação Infantil amplie-se e aperfeiçoe-se, mostrando uma vasta gama de atividades e diversas possibilidades para que as crianças, através do equilíbrio e da beleza das cores e das formas, possam desenvolver-se plenamente.

Queremos agradecer às professoras e à coordenação das escolas que desenvolvem este trabalho junto às crianças da Educação Infantil e que colaboraram conosco através das produções das crianças que se encontram ao longo de todo o livro. São elas: Colégio Assunção, Escola Alfa, Colégio Emilie de Villeneuve, EMEI Anhangüera, EMEI Anísio Teixeira, EMEI Sílvio de Magalhães, Colégio Marista Nossa Senhora da Glória e Colégio Santo Estevam em São Paulo; Colégio Sapiens em São Bernardo; Colégio Stoquinho em Santo André; Liceu Salesiano Santa Terezinha em Campinas; Instituto Salesiano Dom Bosco em Americana; Colégio Marista de Londrina; Colégio Marista São José do Rio de Janeiro e Colégio Marista de Brasília.

As Autoras

Sumário

1 **Uma primeira conversa: uma proposta de matemática para a Educação Infantil** 9

2 **Geometria: percebendo espaços, figuras e formas** 15

3 **Corpo e espaço** 25

4 **Conhecendo as figuras planas** 45
- Blocos lógicos 50
- Dobraduras 64
- Atividades corporais e figuras planas 73
- Quebra-cabeças 87
- Tangram 95
- Geoplano 111
- Outros recursos 125

5 **Conhecendo os sólidos geométricos** 131

6 **Simetria** 165

7 **Planejar e avaliar** 187

Referências 199

1 Uma Primeira Conversa: Uma Proposta de Matemática para a Educação Infantil

As preocupações com um ensino de matemática de qualidade desde a Educação Infantil são cada vez mais frequentes, e são inúmeros os estudos que indicam caminhos para fazer com que o aluno dessa faixa escolar tenha oportunidades de iniciar de modo adequado seus primeiros contatos com essa disciplina.

É sabido, por exemplo, que o conhecimento matemático não se constitui em um conjunto de fatos a serem memorizados; que aprender números é mais do que contar, muito embora a contagem seja importante para a compreensão do conceito de número; que as ideias matemáticas que as crianças aprendem na Educação Infantil serão de grande importância em toda a sua vida escolar e cotidiana.

Uma proposta de trabalho de matemática para a Educação Infantil deve encorajar a exploração de uma grande variedade de ideias matemáticas não apenas numéricas, mas também aquelas relativas à geometria, às medidas e às noções de estatística, de modo que as crianças desenvolvam e conservem com prazer uma curiosidade acerca da matemática adquirindo diferentes formas de perceber a realidade.

Uma proposta desse tipo incorpora os contextos do mundo real, as experiências e a linguagem natural da criança no desenvolvimento das noções matemáticas, sem, no entanto, esquecer que a escola deve fazer o aluno ir além do que parece saber tentando compreender como ele pensa, que conhecimentos traz de sua experiência no mundo e fazendo interferências no sentido de levar cada aluno a ampliar progressivamente suas noções matemáticas.

É preciso, ainda, reconhecer que os alunos necessitam de um tempo considerável para desenvolver os conceitos e as ideias matemáticas trabalhados pela escola e também para acompanhar encadeamentos lógicos de raciocínio e comunicar-se matematicamente. Isso significa que, nas aulas de matemática da Educação Infantil, o contato constante e planejado com as noções matemáticas em diferentes contextos, ao longo de um ano e de ano para ano, é essencial.

Pensar desse modo significa acreditar que a compreensão requer tempo vivido e exige um permanente processo de interpretação, pois assim a criança terá oportunidade de estabelecer relações, solucionar problemas, fazer reflexões para desenvolver noções matemáticas cada vez mais complexas.

Há diversos caminhos possíveis a serem trilhados quando desejamos organizar na escola uma proposta com tais preocupações. Em nosso caso, temos optado por elaborar um conjunto de ações didáticas que não apenas levem os alunos da Educação Infantil a desenvolverem noções e conceitos matemáticos, mas que também privilegiem a percepção do aluno por inteiro. Nessa perspectiva, a criança deve ser vista como alguém que tem ideias próprias, sentimentos, vontades, que está inserida em uma cultura, que pode aprender matemática e que precisa ter possibilidades de desenvolver suas diferentes competências cognitivas.

Por esse motivo, nossa proposta didática está fundamentada, entre outros aspectos, na crença de que, para além de habilidades lingüísticas e lógico-matemáticas, é necessário que os alunos da Educação Infantil tenham chance de ampliar suas competências[1] espaciais, pictóricas, corporais, musicais, interpessoais e intrapessoais. Ao mesmo tempo, cremos que tais competências, quando contempladas nas ações pedagógicas, servem como rotas ou caminhos diversos para que os alunos possam aprender matemática.

Destacamos também que, em nossa concepção de trabalho, para que a aprendizagem ocorra ela deve ser significativa[2], exigindo que:

- seja vista como a compreensão de significados;
- relacione-se com experiências anteriores, vivências pessoais e outros conhecimentos;
- permita a formulação de problemas de algum modo desafiantes, que incentivem o aprender mais;
- permita o estabelecimento de diferentes tipos de relações entre fatos, objetos, acontecimentos, noções, conceitos, etc.;
- permita modificações de comportamentos;
- permita a utilização do que é aprendido em diferentes situações.

Falar em aprendizagem significativa é assumir que aprender possui um caráter dinâmico, exigindo que as ações de ensino direcionem-se para que os alunos aprofundem e ampliem os significados que elaboram mediante suas participações nas atividades de ensino e aprendizagem. Nessa concepção, o ensino é um conjunto de atividades sis temáticas cuidadosamente planejadas, nas quais o professor e o aluno compartilham parcelas cada vez maiores de significados com relação aos conteúdos do currículo escolar, ou seja, o professor guia suas ações para que o aluno participe em tarefas e atividades que o façam aproximar-se cada vez mais dos conteúdos que a escola tem para lhe ensinar.

No entanto, esse planejamento deve ser flexível e aberto a novas perguntas e a diferentes interesses daqueles estabelecidos inicialmente, os quais podem modificar momentaneamente os rumos traçados, mas que garantam o ajuste essencial para sincronizar o caminhar do ensino com o da aprendizagem.

---

[1] Sobre isso, ver Smole, K.C.S. *A matemática na educação infantil: a teoria das inteligências múltiplas na prática escolar*. Porto Alegre: Artmed, 1996.

[2] Sobre isso, ver Coll, C. *Aprendizagem escolar e construção do conhecimento*. Porto Alegre: Artmed, 1994.

O ensino de matemática de 0 a 3 anos

A *Coleção Matemática de 0 a 6* foi organizada e recebeu esse nome em função das recomendações presentes nos Referenciais Curriculares de Educação Infantil, para que todas as crianças até os 6 anos tivessem acesso a um processo de educação escolar, não somente aquelas que se encontram em escolas, mas também as de creches, que normalmente têm entre 0 e 3 anos. E é preciso refletir sobre o que seria o ensino e a aprendizagem da matemática nessa faixa etária.

Sabemos que as principais aprendizagens e conquistas das crianças entre 0 e 3 anos estão nos campos da linguagem, da socialização e da percepção espacial. Por isso consideramos que esses três campos devam constituir a base de todo o trabalho com crianças nessa faixa etária. Não enfatizamos nessa coleção atividades para crianças menores de 3 ou 4 anos.

De fato, acreditamos que aprender a se comunicar, a conviver e a se localizar permite à criança ser e estar no mundo, constituindo recursos necessários para muitas outras aprendizagens que ela fará nos períodos que seguem, como por exemplo, a noção de número. Afinal, quem imagina que uma criança que não tem a linguagem claramente desenvolvida possa aprender e utilizar a sequência numérica?

Já entre os professores de crianças menores, especialmente as de 1 e 2 anos, percebemos uma certa ansiedade por fazer com seus alunos, praticamente bebês, atividades matemáticas. A esses professores, que certamente lerão a *Coleção Matemática de 0 a 6* em busca de ideias, queremos dizer o seguinte: a aprendizagem de matemática é dada em um processo contínuo, no qual as crianças atribuem significados, estabelecem relações, fazem observações, tudo isso a partir, primeiramente, de sua exploração livre do mundo, das interações com outras crianças, das brincadeiras não dirigidas que a criança faz quando descobre objetos, percebe o espaço ao seu redor, descobre texturas, cores, cheiros, gostos, realiza imitações, brinca de faz-de-conta, etc.

Consideramos que a principal função da escola com crianças de 0 a 3 anos não é ensinar esse ou aquele conteúdo, fazer essa ou aquela atividade, mas fazer com que a criança se sinta acolhida para entender a separação e a diferença entre casa-escola.

Por esse motivo, as atividades de matemática mais adequadas para crianças antes dos 4 anos são aquelas que se integram naturalmente a ações de brincar livremente, de brincar no parque, ajudar na organização da sala, distribuir materiais, dividir lanches com amigos, explorar objetos livremente, cantar, ouvir histórias, conversar, etc.

É através dessas explorações mais livres que se estabelecem as primeiras relações espaciais de longe, perto, em cima, embaixo, dentro, fora que serão ampliadas mais tarde, aí sim com atividades especialmente planejadas para que as crianças se apropriem dessas ideias e se utilizem das mesmas para se localizarem no espaço.

Uma rotina que contemple tais aspectos e o maior desenvolvimento da linguagem oral permite que, pouco a pouco, especialmente por volta de 4 anos, a criança passe a sentir a necessidade de separar objetos, de contá-los, de conhecer seus nomes, suas cores, suas formas. Só então poderemos propor atividades mais diretas relacionadas ao ensino e à aprendizagem de matemática.

A organização do espaço e o ambiente da sala de aula

Sem dúvida, o trabalho em classe tem uma importância bastante grande no desenvolvimento da proposta que apresentamos aqui, pois é nesse espaço que acontecem encontros, trocas de experiências, discussões e interações entre as crianças e o professor. Também é nesse espaço que o professor observa seus alunos, suas conquistas e dificuldades.

Dessa forma, é preciso que as crianças sintam-se participantes em um ambiente que tenha sentido para elas, a fim de que possam engajar-se em sua própria aprendizagem. O ambiente da sala de aula pode ser visto como uma oficina de trabalho de professores e alunos, podendo transformar-se em um espaço estimulante, acolhedor, de trabalho sério, organizado e alegre.

Sabemos que, enquanto vive em um meio sobre o qual pode agir, discutir, decidir, realizar e avaliar com seu grupo, a criança adquire condições e vive situações favoráveis para a aprendizagem. Por isso, o espaço da classe deve ser marcado por um ambiente cooperativo e estimulante para o desenvolvimento dos alunos, bem como deve fornecer a interação entre diferentes significados que os alunos apreenderão ou criarão das propostas que realizarem e dos desafios que vencerem. Nesse sentido, os grupos de trabalho tornam-se indispensáveis, assim como diferentes recursos didáticos.

O ambiente proposto é um ambiente positivo, que encoraja os alunos a proporem soluções, explorar possibilidades, levantar hipóteses, justificar seu raciocínio e validar suas próprias conclusões. Dessa forma, nesse ambiente, os erros fazem parte do processo de aprendizagem, devendo ser explorados e utilizados de maneira a gerar novos conhecimentos, novas questões, novas investigações, em um processo permanente de refinamento das ideias discutidas.

Para finalizar nossas considerações sobre a organização do espaço e do ambiente, sublinhamos o papel da comunicação entre os envolvidos no processo de trabalho da classe. A comunicação define a situação que dará sentido às mensagens trocadas; porém, não consiste apenas na transmissão de ideias e fatos, mas, principalmente, em oferecer novas formas de ver essas ideias, de pensar e relacionar as informações recebidas de modo a construir significados. Explorar, investigar, descrever, representar seus pensamentos e suas ações são procedimentos de comunicação que devem estar implícitos na organização do ambiente de trabalho com a classe.

Exatamente porque representar, ouvir, falar, ler e escrever são competências básicas de comunicação, essenciais para a aprendizagem de qualquer conteúdo em qualquer tempo, sugerimos que o ambiente previsto para o trabalho contemple momentos para leitura e produção de textos, trabalhos em grupo, jogos, elaboração de representações pictóricas e elaboração de livros pelas crianças. Variando os processos e as formas de comunicação, ampliamos a possibilidade de significação para uma ideia surgida no contexto da classe. A ideia de um aluno, quando colocada em evidência, provoca uma reação nos demais, formando uma rede de interações e permitindo que diferentes competências sejam mobilizadas durante a discussão.

O trabalho do professor, nessa perspectiva, não consiste em resolver problemas e tomar decisões sozinho. Ele anima e mantém a rede de conversas, bem como coordena ações. Sobretudo ele tenta discernir, durante as atividades, as novas possibilidades que poderiam abrir-se à classe, orientando e selecionando aquelas que favoreçam a aproximação dos alunos aos objetivos traçados e à busca por novos conhecimentos.

A natureza das atividades previstas neste trabalho

Procuramos propor atividades nas quais os alunos possam ter iniciativa de começar a desenvolvê-las de modo independente e sintam-se capazes de vencer as dificuldades com as quais se defrontarem. Isso permite que eles percebam seu progresso e sintam-se estimulados a participar ativamente. Progressivamente, e de acordo com o desempenho dos alunos, as atividades tornam-se mais e mais complexas.

Estimular a criança a controlar e corrigir seus erros, seus avanços, rever suas respostas, possibilita a ela descobrir onde falhou ou teve sucesso e por que isso ocorreu. A consciência dos acertos, dos erros e das lacunas permite ao aluno compreender seu próprio processo de aprendizagem e desenvolver sua autonomia para continuar a aprender. As atividades selecionadas para o presente trabalho devem prever tais possibilidades.

Todas as tarefas propostas nas atividades requerem uma combinação de competências para serem executadas e variam entre situações relativamente direcionadas pelo professor e outras nas quais as crianças podem agir livremente, decidindo o que fazer e como. Em todas as situações, tanto as colocações do professor quanto as dos alunos podem ser questionadas, havendo um clima de trabalho que favoreça a participação de todos e a elaboração de questões por parte dos alunos. Isso só ocorre se todos os membros do grupo respeitarem e discutirem as ideias uns dos outros. As crianças devem perceber que é bom ser capaz de explicar e justificar seu raciocínio e que saber como resolver um problema é tão importante quanto obter sua solução.

Esse processo exige que as atividades contemplem oportunidades para as crianças aplicarem sua capacidade de raciocínio e justificarem seus próprios pensamentos durante a tentativa de resolução dos problemas que se colocam.

Acreditamos que, desde a escola infantil, as crianças podem perceber que as ideias matemáticas encontram-se inter-relacionadas e que a matemática não está isolada das demais áreas do conhecimento. Assim, as atividades organizadas para o trabalho não deveriam abordar apenas um aspecto da matemática de cada vez, nem poderiam ser uma realização esporádica.

Dessa forma, cremos que as crianças não apenas devam estar em contato permanente com as ideias matemáticas, mas também que as atividades, sempre que possível, devem interligar diferentes áreas do conhecimento, como acontece, por exemplo, com *Figuras e formas*.

2

Geometria: Percebendo Espaços, Figuras e Formas

Na Educação Infantil, é preciso caracterizar o que entendemos por trabalho com geometria ou, mais especificamente, com o desenvolvimento dos conceitos de espaço e de forma. Ao falarmos de geometria, é muito comum imaginarmos atividades nas quais as crianças precisem apenas reconhecer formas geométricas, tais como quadrado, retângulo, círculo e triângulo, através de atividades que se baseiam no desenho e na pintura dessas figuras e na nomeação de cada uma delas. Acreditamos ser possível ir além.

A criança vive inserida em um contexto social que se encarrega de lhe emitir diversas informações que, em sua maioria, são geradas e percebidas pela exploração do espaço ao seu redor.

Quando ela chega à escola, traz muitas noções de espaço, porque suas primeiras experiências no mundo são, em grande parte, de caráter espacial. Podemos dizer, sem correr o risco de cometer um exagero, que o desenvolvimento infantil é, em um determinado período da infância, essencialmente espacial. A criança primeiro se encontra com o mundo e dele faz explorações para, posterior e progressivamente, ir criando formas de representação desse mundo: imagens, desenhos, linguagem verbal.

As crianças estão naturalmente envolvidas em tarefas de exploração do espaço e, enquanto se movem nele e interagem com os objetos, adquirem várias noções intuitivas que constituirão as bases de sua competência espacial.

A competência espacial[1] focaliza a capacidade do indivíduo de transformar objetos em seu meio e orientar-se em meio a um mundo de objetos no espaço. Ligadas a essa competência de ser, ler e estar no espaço, temos as capacidades de perceber o mundo visual com precisão, efetuar transformações e modificações sobre

---

[1] Sobre isso, ver Gardner, H. *Inteligências múltiplas: a teoria na prática*. Porto Alegre: Artmed, 1994.

as percepções iniciais e ser capazes de recriar aspectos da experiência visual mesmo na ausência de estímulos físicos relevantes.

O conhecimento do seu próprio espaço e a capacidade de ler esse espaço pode servir ao indivíduo para uma variedade de finalidades e constituir-se em uma ferramenta útil ao pensamento tanto para captar informações quanto para formular e resolver problemas.

Assim, a geometria, como o estudo de figuras, de formas e de relações espaciais, oferece uma das melhores oportunidades para relacionar a matemática ao desenvolvimento da competência espacial nos alunos.

Uma vez que encaramos a geometria como o estudo do espaço no qual a criança vive, respira e move-se e o qual deve aprender a conhecer, explorar, conquistar e ordenar cada vez mais e melhor, é importante analisar que parcela desse estudo cabe à Educação Infantil e de que forma ele pode ser feito.

Princípios do trabalho com a geometria na educação infantil

Como foi mencionado, a abordagem da geometria na escola infantil não deve estar restrita a tarefas de nomear figuras, mas fundamentalmente voltada para o desenvolvimento das competências espaciais das crianças. Para que isso ocorra, é preciso termos clareza de pelo menos algumas pistas sobre que tipo de geometria podemos desenvolver nessa faixa etária para atingir tal finalidade.

Em primeiro lugar, devemos lembrar que o desenvolvimento das noções de espaço é um processo; por isso, é desejável que o trabalho em geometria na Educação Infantil não aconteça esporadicamente. A geometria deve estar presente ao longo do ano todo e toda semana. Em segundo lugar, para desenvolver suas potencialidades espaciais, uma pessoa tem de viver *o* e *no* espaço, mover-se nele e organizá-lo.

Diversos estudos[2] indicam que o desenvolvimento da noção de espaço na criança acontece de forma progressiva e percorre um caminho que se inicia na percepção de si mesma, passa por sua percepção no mundo e no espaço ao seu redor para, então, chegar ao espaço representado em forma de desenhos, mapas, croquis, maquetes, representações planas, etc., ou seja, à leitura compreensiva das figuras. Ao que tudo indica, para a criança, a primeira ideia é do "eu estou aqui e as outras coisas não estão". Passar a se reconhecer como parte de um espaço mais amplo é um grande salto e daí a perceber diferentes concepções e representações desse mesmo espaço vai um salto maior ainda. Desse, modo a percepção do espaço na criança avança em uma direção marcada por três etapas essenciais: a do vivido, a do percebido e a do concebido.

O espaço vivido refere-se ao espaço físico, vivenciado através do movimento e do deslocamento e apreendido pela criança por meio de brincadeiras e atividades que permitam percorrer, delimitar ou organizar esse espaço.

O espaço percebido é aquele que não precisa mais ser experimentado fisicamente para que a criança possa lembrar-se dele. O espaço concebido surge quando existe a capacidade de estabelecer relações espaciais entre elementos somente através de suas representações, como é o caso de figuras geométricas, mapas, plantas e diagramas.

Pensar a organização do espaço como uma necessidade que nasce de dentro para fora, no sentido sugerido, dá-nos uma indicação de que a geometria a ser desenvolvida na Educação Infantil não pode ser uma geometria estática do lápis e papel apenas, nem estar restrita somente à identificação de nomes de figuras. É necessário pensar

---

[2] Sobre isso, ver Hannoun, H. *El niño conquista el medio.* Buenos Aires: Editorial Kapeluz, 1977.

uma proposta que contemple, simultaneamente, três aspectos para o seu pleno desenvolvimento: a organização do esquema corporal, a orientação e percepção espacial e o desenvolvimento de noções geométricas propriamente ditas.

Os dois primeiros aspectos caracterizam o favorecimento no aluno da evolução de seu esquema corporal – lateralidade, coordenação visuomotora – e de sua capacidade de orientar-se e mover-se no espaço em que vive. O terceiro aspecto é responsável por apresentar objetos espaciais construídos ou representados e perceber neles propriedades simples, como as de igualdade e diferença, tamanho e características de forma.

A união desses três aspectos resultaria em um processo cognitivo pelo qual a representação mental dos objetos espaciais, as relações entre eles e as transformações por eles sofridas seriam construídas e manipuladas. Esse pensamento desenvolveria as habilidades que compõem a percepção espacial.

A geometria e as componentes corporal e espacial às quais estamos referindo-nos ainda devem prover nas crianças o desenvolvimento de uma linguagem simbólica, de uma capacidade de representação e de uma capacidade de operar com os símbolos e as representações.

A compreensão espacial é necessária para interpretar, compreender e apreciar nosso mundo, o qual é intrinsecamente geométrico. Para que ela ocorra, é preciso que aos alunos sejam dadas oportunidades para explorar relações de tamanho, direção e posição no espaço; analisar e comparar objetos, incluindo as figuras geométricas planas e espaciais; classificar e organizar objetos de acordo com diferentes propriedades que eles tenham ou não em comum; construir modelos e representações de diferentes situações que envolvem relações espaciais, usando recursos como desenhos, maquetes, dobraduras e outros.

É importante ressaltar que o trabalho com a geometria na Educação Infantil inicia-se em um ponto em que a criança é capaz de identificar uma figura apenas por sua aparência geral, por sua imagem. Assim, é comum observarmos o aluno chamar de círculo tudo o que é redondo ou arredondado e não raro notamos as confusões que fazem entre quadrados e retângulos, especialmente se esses últimos têm as medidas de seus lados muito próximas de serem iguais. Essa afirmação está baseada nas pesquisas de Dina e Pierre van Hiele.[3]

O casal van Hiele ocupou-se de estudar o desenvolvimento da aprendizagem da geometria e percebeu que os alunos, em sua grande maioria, desenvolvem seus conhecimentos geométricos através de níveis de complexidade diferentes, indo desde a simples capacidade de reconhecer visualmente uma figura até um ponto no qual são capazes de lidar com a axiomatização das noções geométricas.

As crianças da escola infantil estariam no nível mais elementar do modelo elaborado pelos van Hiele, que seria o nível da visualização. Nesse estágio inicial, os alunos percebem o espaço apenas como algo que existe em torno deles. As figuras e as formas geométricas são vistas globalmente, e não como figuras e formas que têm partes ou propriedades. Nesse nível de reconhecimento visual, as crianças necessitam estar envolvidas na manipulação de modelos de figuras geométricas diversas, fazendo observações e explorações diretas, táteis e visuais, nas quais elas percebem, desenham, constroem, copiam, ampliam, combinam ou modificam objetos físicos. Isso ocorre para que possam desenvolver suas primeiras noções geométricas, um primeiro vocabulário referente a essas noções, identificar e construir as formas geométricas e as primeiras noções espaciais.

---

[3] Sobre isso, ver Crowley, M.L. O modelo van Hiele de desenvolvimento do pensamento geométrico. In: Lindquist, M.M. e Shulte, A.P. (Orgs.). *Aprendendo e ensinando geometria*. São Paulo: Atual, 1994. p. 1-20.

Desse modo, a tarefa da escola é fazer o aluno progredir dentro dos níveis van Hiele e, aliado a um trabalho de investigar, explorar, comparar e manipular situações corporais e geométricas, deve haver um constante processo de discussão e registro das observações feitas, das conclusões tiradas e das formas transformadas, imaginadas e construídas. Assim, os alunos poderão caminhar em direção ao segundo nível do modelo van Hiele, que é o nível de análise em que as figuras e os objetos passam a ter algumas propriedades que se tornam parte integrante do objeto.

Esse avanço entre os níveis dependerá de um trabalho sistemático no qual as propriedades das figuras sejam evidenciadas, o que pode ser concretizado pelo professor através do uso de recursos como desenhos, textos coletivos, construção de livros de formas e modelagem com massa, entre outros. As tarefas que solicitam das crianças a visualização, o desenho e a comparação de resultados obtidos ao longo da resolução dos problemas propostos permitem que, progressivamente, passem a analisar algumas características próprias de determinadas figuras.

A maneira como propomos o desenvolvimento do trabalho com geometria permitirá também a formação de várias habilidades pelos alunos, entre elas as visuais, de desenho e de argumentação lógica (Hoffer, 1981), além do senso estético que é despertado pelos materiais, por suas cores e suas formas. Nossa proposta é envolver os alunos em um ambiente desafiador repleto de imagens e objetos, reproduções de obras de arte e, até mesmo, ilustrações dos livros de literatura infantil que permitam a apreciação da beleza e o encantamento de construir, representar e criar formas geométricas (Machado, 1990).

Esperamos, assim, que os alunos deixem a escola infantil começando a usar expressões que deem indícios de que percebem um pouco mais do que a aparência das figuras. Por exemplo, desejamos que eles saibam que um círculo é uma figura redonda, mas que há outras figuras redondas que não são necessariamente circulares; desejamos que acrescentem à imagem visual do quadrado alguns fatos como ter quatro lados todos do mesmo tamanho, quatro "cantos ou pontas iguais", e ser parte de alguns objetos como o cubo.

O significado da percepção espacial

Quando organizamos um trabalho com a geometria na Educação Infantil, os alunos passam a observar melhor o mundo geométrico que os rodeia, a se locomover e a se situar nesse mundo. Tendo como objetivo promover o desenvolvimento da percepção espacial, precisamos esforçar-nos para tornar mais claro o que entendemos por esse conjunto de habilidades que correspondem à "capacidade de reconhecer e discriminar estímulos no espaço e a partir do espaço, e interpretar esses estímulos associando-os a experiências anteriores".[4]

Uma parte dessas habilidades está fortemente ligada ao controle do esquema corporal, isto é, se constituem habilidades que dependem do desenvolvimento cognitivo e que se constituem em construções internas e individuais. Outra parte está ligada à construção de relações de posição, tamanho e forma de objetos no espaço em relação ao indivíduo e na relação entre objetos. São essas habilidades que organizarão a percepção de espaço para a criança em desenvolvimento, fazendo com que os estímulos visuais inicialmente isolados e caóticos possam relacionar-se e permitir uma compreensão mais estável e coerente do espaço à sua volta. São elas:

---

[4] Del Grande, J.J. Percepção espacial e geometria primária. In: Lindquist, M.M.; Shulte, A.P. (Orgs.). *Aprendendo e ensinando geometria*. São Paulo: Atual, 1994. p. 156-167.

1. *Coordenação motora visual*: corresponde à capacidade de coordenar a visão com o movimento do corpo. Essa habilidade é solicitada e pode ser desenvolvida quando a criança é estimulada, por exemplo, através de brincadeiras corporais que envolvem bola, corda e diagramas, como a amarelinha ou as brincadeiras de perseguição, e também quando a criança faz recortes, pinta ou desenha formas ou objetos determinados. É importante para, mais adiante, apoiar o domínio da escrita.
2. *Memória visual*: é a capacidade de recordar um objeto que não está mais no campo de visão, relacionando suas características com outros objetos. Afastar os olhos do objeto e manter sua forma na memória o suficiente para reproduzi-lo fielmente requer essa habilidade especial. Quando observamos crianças pequenas desenhando, podemos notar o quanto isso pode ser difícil para elas, que muitas vezes trazem para perto de si o que desejam reproduzir ou alteram significativamente características importantes do objeto.
3. *Percepção de figuras planas*: é a capacidade de focalizar uma figura específica em um quadro de estímulos visuais. Perceber um retângulo como parte de um objeto como uma caixa ou uma janela e identificar certas figuras em desenhos são alguns exemplos dessa habilidade. No entanto, ela também é importante para aprendizados mais elaborados, como o da escrita e o das propriedades das figuras geométricas. No caso da escrita, é preciso isolar uma parte do todo, texto ou palavra, para que a letra possa ser percebida e reproduzida. No caso da geometria, é preciso observar, por exemplo, apenas os lados de uma figura geométrica para analisar alguma característica especial que eles possuam.
4. *Constância perceptiva ou constância de forma e tamanho*: é a capacidade de reconhecer propriedades invariantes de um objeto apesar da variabilidade de sua impressão visual. Compreender que um objeto é grande em relação ao observador, mesmo quando ele se afasta e parece visualmente pequeno, e identificar um quadrado esteja ele em que posição estiver são exemplos que envolvem a manutenção de propriedades das figuras e dos objetos em relação ao observador.
5. *Percepção de relações espaciais*: relaciona-se à capacidade de ver dois ou mais objetos em relação a si próprios, em relação entre eles e em relação ao observador. Distinguir que objetos estão próximos ou distantes, são maiores ou menores, estão acima ou abaixo uns dos outros e em relação ao observador são situações que requerem a estabilidade de relações e que permitem à criança orientar-se no espaço próximo através de características de distância e tamanho entre os objetos que estão nesse espaço.
6. *Discriminação visual*: é a capacidade de distinguir semelhanças e diferenças entre objetos. Classificar formas, objetos e suas propriedades depende dessa habilidade de isolar caraterísticas comuns ou únicas que permitem a comparação por semelhança ou diferença. É essencial para toda aprendizagem de natureza escolar, que é basicamente a organização de objetos, fatos e propriedades em termos de critérios.

Identificadas as habilidades que compõem a percepção espacial e esclarecido que ela é essencial para habilitar a criança a ler, escrever, estudar aritmética e geometria, pintar, praticar esportes, desenhar mapas e ler música, é importante considerar que as crianças adquirem essas habilidades lentamente, através de experiências encontradas em seu meio. Por isso, é essencial que as atividades que permitem o desenvolvimento da percepção espacial possam ser integradas em um programa de ensino de matemática abrangente, levando em conta o desenvolvimento total da criança. Isso requer alguns cuidados especiais que tentaremos mostrar nos diversos exemplos de atividades propostas no decorrer deste livro, mas vale destacar que buscamos manter a criança ativamente envolvida em situações planejadas e diversificadas de resolução de problemas, nas quais ela é constantemente incentivada a falar, representar, perceber, construir e criar.

A linguagem geométrica

As crianças da escola infantil já possuem um vocabulário sobre o espaço que, embora reduzido, constitui-se em um ponto de apoio significativo para a construção de sua linguagem espacial e a partir do qual as ações que realizam fazem sentido. É necessário, então, que sejam propiciadas condições para que os alunos desenvolvam, talvez em um certo sentido ampliem, uma "linguagem espacial" e uma "linguagem geométrica".

Nessa fase escolar, a tarefa da geometria é ampliar tanto quanto possível esse tipo de linguagem através de experiências e atividades que permitam ao aluno relacionar cada palavra a seus significados, bem como perceber e descrever seus deslocamentos no espaço. É através de atividades de deslocamentos, orientações e localização espacial que as crianças adquirem noções espaciais e desenvolvem um vocabulário correspondente a elas, como, por exemplo, direita, esquerda, em frente, acima, abaixo, ao lado, entre, etc.

A linguagem geométrica, que diz respeito a nomes de formas e termos geométricos mais específicos, desenvolve-se e é assimilada na ação, principalmente através das atividades escolares. É comum que os alunos criem nomes para o que não conhecem ou que troquem nomes de figuras uns pelos outros. A tarefa do ensino de geometria, nesse caso, é fazer a criança ter acesso à linguagem específica, o que não se consegue pela supressão dos termos criados e utilizados por ela, e sim pela fala correta do professor enquanto discute ou expõe uma proposta junto aos alunos. Por exemplo, quando a criança diz *bolinha* ou *redondinho* para se referir ao círculo, o professor respeita esse dizer, porém, ao se referir à figura, diz *círculo*.

No entanto, muitas vezes, a fala da criança revela suas percepções sobre propriedades das formas que poderiam passar despercebidas se exigíssemos dela a fala correta. Um exemplo disso está na observação, bastante frequente entre as crianças, de que o retângulo é *um quadrado espichado*, o que demonstra não só a percepção de semelhança entre as duas formas, como também a de que os lados do retângulo podem ser diferentes.

Acreditamos que o problema com o vocabulário matemático, em geral, e o geométrico, em particular, não está na dificuldade da criança de pronunciá-lo, uma vez que temos notado um certo encantamento dos alunos por palavras mais sofisticadas. Nossa crença é de que o problema fica estabelecido quando esse vocabulário apresenta-se à criança desconectado de qualquer significação. Se, aliado a um trabalho com as noções e os conceitos, o professor utilizar a pronúncia adequada, cada termo irá constituindo-se ao aluno alicerçado em sua representação e significação.

Como as atividades estão organizadas

Por tudo o que foi posto até aqui, ao longo deste livro propomos atividades diversas, muitas delas na forma de brincadeiras ou jogos, as quais permitam que, através da participação ativa, a criança possa estabelecer inúmeras relações envolvendo formas e posições.

Para que a percepção do espaço torne-se cada vez mais elaborada, a criança precisa ver e apreciar a geometria em seu mundo, descobrir formas, desenhá-las, escrever e falar sobre elas. Por isso, dividiremos as atividades propostas em blocos com características diferentes. Inicialmente, as atividades estão centradas no desenvolvimento corporal da criança com especial atenção no desenvolvimento da lateralidade e da localização espacial, ou seja, o instrumento de ação é o corpo, que deve orientar-se e mover-se no espaço em que vive.

Essas atividades são chamadas de corporais e estão organizadas sob o título *Corpo e Espaço*. Quando associadas à oralidade e aos registros na forma de desenhos e textos, ganham uma dimensão maior, indo além dos objetivos, possibilitando desenvolver a linguagem e permitindo a avaliação em processo do que os alunos estão aprendendo ou não em cada atividade.

Juntamente com o desenvolvimento das habilidades de percepção corporal e espacial, podemos trabalhar o reconhecimento de figuras planas, como quadrado, retângulo, círculo, paralelogramo e triângulo, e a identificação de algumas propriedades simples, como semelhanças e diferenças, relacionadas ao número de lados e vértices ou pontas, tamanho de lados, figuras iguais ou diferentes independentemente de sua posição. É a parte do livro voltada ao ensino e à aprendizagem de figuras planas.

Para a realização desse trabalho, lançamos mão dos mais diversos recursos – dobraduras, livros de história, poemas, charadas, recorte, colagem, modelagem. Propomos também a utilização de materiais variados, como tangram, geoplano e quebra-cabeças. Nas atividades propostas, as crianças utilizam seu corpo, sua organização espacial e seus conhecimentos sobre formas geométricas para realizar da melhor forma possível a tarefa proposta, desenvolvendo também as habilidades verbais, de percepção espacial e de desenho, além da noção da simetria.

O livro apresenta ainda uma série de explorações com sólidos geométricos. Utilizando sucata, brinquedos, modelos em madeira e papel e outros recursos, desejamos que os alunos identifiquem relações entre figuras planas e não planas, percebam e contem faces e vértices, interpretem representações dessas formas e identifiquem pelo nome o cubo, a pirâmide, o bloco retangular (paralelepípedo), o cilindro e a esfera.

Antes de passarmos às atividades, gostaríamos de fazer uma última observação. Atualmente, é comum a defesa de que o ensino de geometria na escola inicie sempre pelos sólidos e então seja feita a passagem para as figuras planas. Neste livro, vamos transgredir tal recomendação, trabalhando simultaneamente as figuras planas e não-planas. A ordem inicial terá como base e referência o modelo van Hiele e a ideia de que os conceitos geométricos desenvolvem-se em uma rede de relações. Assim, não necessariamente faremos os alunos compreenderem o quadrado a partir do cubo, uma vez que o quadrado como face do cubo pode não ser percebido por uma criança ao nível da visualização. Todas as nossas propostas terão como meta o desenvolvimento da percepção espacial, o progresso nos níveis van Hiele e a compreensão de figuras e formas por parte dos alunos.

Como mencionado no capítulo anterior, o trabalho com geometria possui três grandes conjuntos de objetivos relacionados ao desenvolvimento:

- do esquema corporal das crianças;
- da noção de espaço;
- das noções geométricas relativas a formas.

Dentro desses três grandes eixos de metas, é possível estabelecer objetivos mais específicos, como o desenvolvimento de noções de direção e posição e a linguagem correspondente. Para os objetivos propostos, existem várias atividades que permitem aos alunos alcançá-los, assim como uma única atividade permite que vários objetivos sejam trabalhados simultaneamente. Daí a importância da clareza de quais são as metas do trabalho com figuras e formas na Educação Infantil.

Por razões de organização, as atividades foram agrupadas em torno de suas características didáticas. Assim, em um primeiro bloco, estão as atividades que têm o corpo da criança como instrumento de aprendizagem sobre si mesmo e sobre o espaço que o rodeia. Em um segundo bloco, estão as atividades relacionadas a materiais ou recursos didáticos, como blocos lógicos, dobraduras, quebra-cabeças, tangram, geoplano e sólidos geométricos. No último bloco, constam as atividades que tratam da noção de simetria.

Portanto, em seu planejamento, o professor deve fazer escolhas de atividades em torno das metas que ele selecionou para desenvolver com seus alunos e não apenas esgotar cada sequência de um mesmo recurso para depois iniciar um outro, nem mesmo separar por faixa etária o trabalho com as diferentes sequências de atividades.

De fato, como foi dito anteriormente, é necessária a variedade de recursos de modo a atingir alunos com diferentes motivações, ritmos e momentos de aprendizagem. Deve-se levar em conta também o fato de as atividades propostas para cada material serem mais ou menos complexas, o que as torna mais indicadas para determinada idade. Assim, as atividades de cada recurso podem abranger várias idades, cabendo ao professor escolher aquelas que sejam adequadas a seus alunos.

Para facilitar tal escolha, cada atividade possui ao lado de seu título um ícone que sugere a partir de que idade a atividade é indicada. Por exemplo, o ícone significa que a atividade deve ser realizada com alunos com cinco anos ou mais. Os alunos com cinco ou seis anos que não tiveram oportunidade de trabalhar com atividades corporais devem iniciar por aquelas indicadas para alunos a partir de três anos. É claro que essas crianças responderão com maior rapidez e serão mais reflexivas quanto às possíveis relações entre a linguagem, as posições e os registros solicitados na atividade; no entanto, essas atividades não devem ser eliminadas com base na crença de que as crianças maiores não necessitem de oportunidades para o desenvolvimento de seu esquema corporal.

Além disso, em cada sequência, há uma gradação de complexidade que exigirá do professor compreender todo o encadeamento proposto para evitar escolher uma atividade isolada que pode mostrar-se muito difícil ou muito fácil para seus alunos ou, ainda, não atingir os objetivos previstos por envolver ideias e noções desenvolvidas em atividades anteriores ou com outros materiais.

Assim, ao ler cada capítulo que segue, é preciso atenção aos objetivos das atividades e às indicações feitas sobre qual a idade dos alunos mais adequada para sua realização, para depois compor um planejamento de atividades.

Outro cuidado ao planejar é que algumas atividades devem ser realizadas mais de uma vez com os alunos. Em geral, quando um novo material é levado para a classe, aconselhamos que os alunos tenham oportunidade de se familiarizar com ele e com as regras propostas para o seu trabalho. A partir disso, o professor pode dar maior ênfase à observação dos objetivos e ao registro, seja na forma de desenhos ou de textos.

Uma mesma atividade pode cumprir parte de seus objetivos em um período do ano e voltar a ser realizada semanas ou meses depois para um maior aprofundamento das percepções dos alunos e uma maior aproximação aos objetivos propostos. O professor deve decidir sobre o tempo de duração de uma atividade e o número de vezes que ela deve ser mantida em seu plano de aulas levando em conta os objetivos que o fizeram escolhê-la e a observação da aproximação de seus alunos em relação a tais objetivos.

Com o intuito de auxiliar o professor a entender melhor as atividades que seguem e apoiá-lo na elaboração de seu planejamento, organizamos o quadro a seguir, separando os objetivos com algumas indicações de atividades relacionadas a eles:

SÍNTESE DE OBJETIVOS DO ENSINO DE GEOMETRIA NA EDUCAÇÃO INFANTIL		
Atividades sugeridas neste livro	**Eixo**	**Metas a serem alcançadas por eixo**
Todas as atividades relativas a: Corpo e espaço Dobraduras Quebra-cabeças Atividades específicas: Blocos Lógicos: brincando com silhuetas Atividades corporais: Acerte o alvo Tangram: construções livres e silhuetas Outras atividades: Brincadeiras infantis[5] Recortes Colagens Modelagem	**Organização do esquema corporal**	Tomar consciência de partes do seu corpo e de sua estatura. Orientar seu corpo em relação a objetos e pessoas. Adquirir o vocabulário correspondente: direita, esquerda, dentro, fora, frente, atrás, etc. Desenvolver a coordenação visuo-motora
Todas as atividades relativas a: Blocos lógicos Dobraduras Tangram Geoplano Sólidos geométricos Simetria Atividades específicas: Corpo e espaço: Atrás ou na frente? A pessoa misteriosa; O caminho do sino; todas as envolvendo lateralidade. Atividades corporais: montando formas com o corpo; formando figuras com elástico. Outras atividades: Brincadeiras infantis Sequências lógicas com figuras ou objetos	**Organização do espaço**	Explorar e desenvolver relações de medida, direção e posição no espaço. Adquirir o vocabulário correspondente: perto, longe, grande, pequeno, frente, atrás, em cima, embaixo, etc. Visualizar, desenhar, comparar e imaginar figuras em diferentes posições. *Continua*

---

[5] Sobre brincadeiras infantis nas aulas de matemática, ver o volume 1 desta coleção.

SÍNTESE DE OBJETIVOS DO ENSINO DE GEOMETRIA NA EDUCAÇÃO INFANTIL (*Continuação*)		
Atividades sugeridas neste livro	**Eixo**	**Metas a serem alcançadas por eixo**
Todas as atividades que envolvam: Formas: triângulo, quadrado, retângulo, paralelogramo, trapézio e círculo Blocos lógicos Dobraduras Atividades corporais Quebra-cabeças Tangram Geoplano Simetria Todas as atividades que envolvam: Cubo, bloco retangular (paralelepípedo), pirâmides, cilindro e esfera Conhecendo os sólidos geométricos Outras atividades: Desenhos livres ou em quadriculados Construções com materiais diversos Criações (murais, dobraduras, recortes, esculturas, composição de formas e objetos, etc.) Classificar com os mais variados critérios: cor, forma, espessura, etc. Analisar figuras iguais e diferentes Comparar lados e ângulos iguais e diferentes Analisar figuras de mesma forma e diferentes tamanhos Analisar figuras de mesmo tamanho e diferentes formas. Classificar por tamanho e forma Investigar e construir sequências Compor e decompor figuras, enfatizando lados iguais e diferentes Nomear as figuras geométricas trabalhadas	Noções geométricas	Identificar, comparar, descrever, desenhar e classificar formas geométricas planas. Identificar lados e vértices em quadrados, retângulos, triângulos, trapézio e no paralelogramo. Identificar, comparar, descrever, desenhar e classificar sólidos geométricos. Identificar faces e vértices em cubos, blocos retangulares e pirâmides de base quadrada. Reconhecer quadrados, retângulos e triângulos como faces de alguns sólidos geométricos. Nomear as figuras geométricas trabalhadas. Representar, construir e conceber formas geométricas. Estabelecer relações entre propriedades de figuras geométricas que envolvam tamanho e forma. Reconhecer e nomear figuras geométricas.

Ao final deste livro, após a apresentação dos recursos e das atividades, exemplificaremos o planejamento para uma situação real, levando em conta as possibilidades sugeridas e incluindo a organização do tempo e dos registros de alunos e professor (ver Capítulo 7).

3
Corpo e Espaço

Em nossa concepção, a geometria vai muito além das figuras e das formas, pois está relacionada ao desenvolvimento e ao controle do próprio corpo da criança, à percepção do espaço que a rodeia e ao desenvolvimento de sua competência espacial. Essa competência implica tanto a capacidade de cada pessoa em identificar formas e objetos em seu meio quanto a capacidade de se orientar em um mundo de formas e objetos situados espacialmente. De fato, todos vivemos inseridos em um contexto social repleto de informações de natureza geométrica que, em sua maioria, são geradas e percebidas enquanto exploramos o espaço ao nosso redor.

A criança apropria-se das relações de espaço primeiramente através da percepção de si mesma, passando pela percepção dela no mundo ao seu redor para, então, chegar a um espaço representado em forma de mapas, croquis, maquetes, figuras, coordenadas, etc. Tal aproximação não é rápida nem ao menos simples e, no início, está estreitamente relacionada com a organização do esquema corporal, a orientação e a percepção espacial.

Assim, em um primeiro momento, a criança conhece o espaço sobretudo através do movimento, e noções como proximidade, separação, vizinhança, continuidade organizam-se em uma relação de pares de oposição (parecido/diferente, parte/todo, dentro/fora, pequeno/grande) de acordo com as explorações corporais que ela faz. É possível afirmar que a geometria pode ser vista como imagens que se percebem através dos movimentos; portanto, a primeira geometria é constituída pelo corpo.

A criança organiza a relação corpo-espaço, verbaliza-a e chega assim a um corpo orientado que lhe servirá de padrão para situar os objetos colocados no espaço em torno de si, enquanto a orientação dos objetos ocorre em função da posição de seu corpo. Essa primeira percepção é o trampolim indispensável sem o qual a estruturação do espaço não pode efetuar-se.

Nesse sentido, podemos afirmar que não há espaço que se configure sem envolvimento do esquema corporal, assim como não há corpo que não seja espaço e que não ocupe um espaço. O espaço é o meio no qual o corpo pode mover-se, e o corpo é o ponto em torno do qual se organiza o espaço.

A imagem que a criança vai fazendo de seu próprio corpo configura-se pouco a pouco, sendo o resultado e a condição da existência de relações entre o indivíduo e o seu meio. A criança faz a análise do espaço primeiro com seu corpo, antes de fazê-la com os olhos, para acabar por fazê-la com a mente.

Por todos esses motivos, temos defendido a inclusão sistemática de atividades corporais no trabalho com a Educação Infantil, em especial no ensino da geometria, que é o componente da matemática que está mais diretamente relacionado com a formação das competências espaciais dos alunos.

Uma das maneiras mais naturais de fazermos isso é incluir brincadeiras nas aulas de matemática. Brincar de corda, amarelinha, pega-pega traz em si a necessidade de desenvolver diversas relações de espaço,[1] mas há outras atividades que podemos explorar e que serão sugeridas a seguir.

No entanto, antes de passarmos às atividades propriamente ditas, é necessário dizer que, ao final das atividades, recomendamos muitas vezes ao professor solicitar aos alunos que façam um desenho sobre elas. Esses desenhos criam oportunidades para que as crianças construam representações do espaço ao seu redor, utilizando-se de uma linguagem que progressivamente se assemelha ao ato de mapear uma região: analisar o que será representado, a posição das pessoas e dos objetos nela presentes, selecionar os elementos mais significativos, cuidar para que a representação não perca a característica de sua imagem. Em síntese, os desenhos também colaboram para que os alunos evoluam na percepção do espaço e sua representação.

As primeiras atividades que propomos relacionam-se com um maior conhecimento do próprio corpo, porque, ao conhecê-lo, o aluno conscientiza-se de seu tamanho, da posição de seus membros, dos lados de seu corpo e, ao representá-lo, precisará utilizar procedimentos de observação, análise, proporcionalidade e manter algumas das características de sua imagem, que são habilidades importantes na configuração da percepção espacial e no desenvolvimento das primeiras noções de localização espacial.

Mapa do corpo

3 anos

Para esta atividade e a seguinte, será necessário papel manilha ou papel pardo, giz ou caneta hidrográfica e quatro bolas de meia. O professor, juntamente com os alunos, desenha o contorno do corpo das crianças em papel manilha grande; os desenhos feitos são recortados no contorno e os alunos, com auxílio do professor, completam o desenho, colocando os olhos, a boca, as orelhas, as roupas, etc.

Quando todos os desenhos estiverem prontos, o professor pode propor questões sobre qual parte do corpo fica em cima da boca, nos lados da cabeça, etc. Pode

---

[1] Sobre estas brincadeiras, ver o Capítulo 2 do volume 1 desta coleção.

também pedir aos alunos que organizem os mapas por ordem de tamanho, guardando-os para outras atividades.

Onde está?

3 anos

Em outro momento, o professor prega na parede alguns dos mapas desenhados, e as crianças organizam-se em grupos com o mesmo número de jogadores. Então, o professor diz uma parte do corpo, por exemplo, pernas, e os alunos devem atirar as bolas tentando acertar uma das pernas no molde. Cada vez que um jogador de um grupo conseguir, um ponto é ganho e, após todas as partes do corpo terem sido faladas pelo professor, o jogo acaba. O vencedor será o grupo com o maior número de pontos.

Esse jogo deve ser repetido várias vezes, em diferentes momentos. Quando as crianças estiverem familiarizadas com a representação vertical de seu corpo, é interessante mudarmos a posição do papel para o plano horizontal – o chão. Nesse caso, cada aluno deve ter o mapa do seu corpo e pisar sobre a parte que o professor pedir a partir da cabeça do molde.

É interessante que o professor e os alunos conversem sobre a posição das partes de seu corpo: o pescoço está embaixo da cabeça; os braços ficam na parte de cima do corpo e as pernas na parte de baixo; o umbigo fica na barriga; as orelhas estão uma de cada lado da cabeça, etc. Além de desenvolver uma maior conscientização corporal, essa discussão permite que os alunos apropriem-se de um vocabulário relativo a posições no espaço, tendo inicialmente o próprio corpo como referência.

Para finalizar, cada criança pode pegar o seu mapa e completá-lo com pintura ou colagem, e até usá-lo como referência para elaborar um autorretrato:

Uma das habilidades de percepção espacial que podemos auxiliar a criança a desenvolver em aulas de geometria é a coordenação visuomotora. Essa habilidade é exigida em atividades que envolvem artes, leitura, escrita, recorte e colagem, entre outras, e está diretamente associada à percepção de força, delicadeza, rapidez e cuidado.

Há muitas atividades em geometria que favorecem o desenvolvimento da coordenação visuomotora,[2] como a que indicamos a seguir.

Fazendo marcas

4 anos

Para realizar esta atividade, são necessários papel pardo, tinta guache e pratinhos para cada grupo de quatro alunos.

Com a classe reunida em grupos, o professor conversa com eles sobre carimbos: quem já os viu, como um carimbo deixa marcas, etc. A intenção é que eles lembrem que, para conseguirmos a marca de um carimbo, nós o molhamos em tinta e depois o pressionamos sobre o papel.

Após essa discussão inicial, o professor diz aos alunos que farão carimbos com as próprias mãos. Para isso, deverão molhar uma das mãos no prato com a tinta guache e depois carimbá-las no papel.

O professor deixa que façam a primeira marca e depois os desafia: "Quantas marcas diferentes vocês conseguem fazer?". Para vencer o desafio, vale molhar na tinta a mão toda ou partes dela, mas sempre uma das mãos por vez, não valendo fazer marcas com as duas mãos juntas.

Enquanto os alunos fazem a atividade, o professor pode observar os grupos e, se as marcas estiverem muito repetidas, pode enriquecer o repertório das crianças, mostrando-lhes um cartaz no qual o próprio professor tenha feito algumas marcas e pedindo-lhes que imaginem como cada marca foi feita:

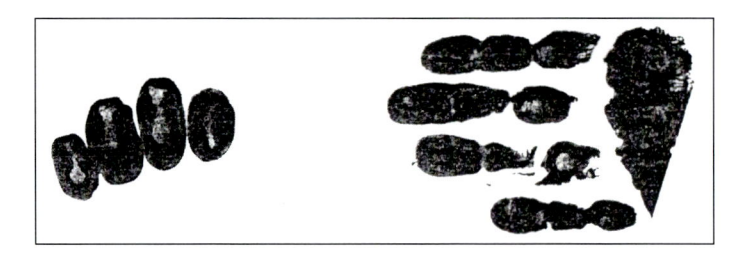

Quando a atividade estiver concluída, o professor e os alunos organizam uma exposição dos cartazes dos grupos. É possível também que cada grupo compare as marcas que fez com aquelas carimbadas pelos demais grupos, procurando reconhecer marcas que apenas um grupo fez e circulando-as com giz. Outra possibilidade é que os grupos troquem os cartazes entre si, tentando descobrir em qual posição a mão foi carimbada para deixar uma determinada marca.[3]

Em outra aula, é possível pedirmos aos alunos que criem uma figura ou desenho a partir do carimbo das mãos, como mostramos no exemplo a seguir, no qual a professora de uma classe de quatro anos usou essa atividade para ilustrar uma das parlendas que os alunos estavam aprendendo.

---

[2] Ver atividades com dobraduras, quebra-cabeças, tangram e geoplano.

[3] Sobre outras atividades desse tipo, ver Langone, L. e Weiss, L. *Caderno de pegadas*. Studio Nobel, 1996.

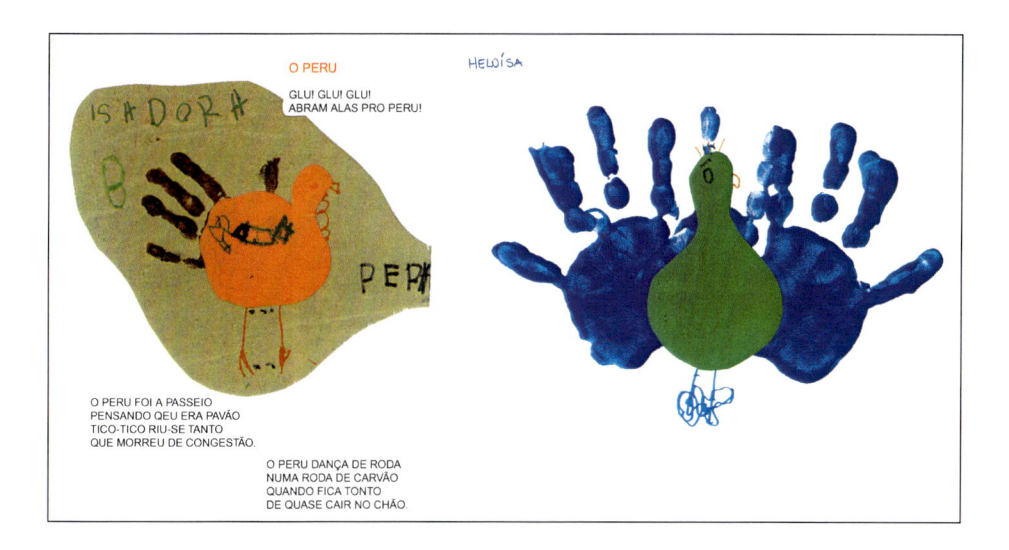

A percepção do espaço inclui também noções de posição e localização espacial, bem como o desenvolvimento de um vocabulário relativo a essas noções: perto, longe, antes, depois, na frente, atrás, entre, ao lado, etc. Além disso, é preciso que os alunos percebam que cada posição está relacionada a um referencial que, inicialmente, é ele mesmo. As próximas atividades envolvem essas noções.

Atrás ou na frente?

5 anos

O professor solicita às crianças que andem pela sala e, a um sinal dado, parem imediatamente onde estiverem. Elas devem olhar para quem está na frente e para quem está atrás delas. Feito isso, devem mudar de lugar, ocupando o da pessoa que está atrás delas.

O professor deve fazer perguntas que estimulem os alunos a pensar na relatividade das posições espaciais. Por exemplo: "Quem está na frente de João? João está na frente de alguém?".

Uma variação dessa atividade pode ocorrer quando os alunos formam uma roda, de mãos dadas, e a um ritmo dado pelo professor andam para frente ou para trás o máximo possível. Outra possibilidade, ainda em roda, é propor aos alunos que cantem uma cantiga enquanto passam, um a um, pela frente e por trás dos colegas que estão na roda ou, então, propor brincadeiras de roda nas quais, aos pares, os alunos fiquem de frente para um colega, atrás dele, ao lado, do outro lado, de costas, entre dois colegas.

Marcha do jornal[4]

5 anos

No desenvolvimento da percepção do espaço e da coordenação motora, é importante propor atividades que desafiem os alunos a perceber a necessidade de buscarem ações corporais mais controladas, planejadas e elaboradas na resolução de problemas que envolvem a noção de espaço, como é o caso da marcha do jornal.

---

[4] Atividade adaptada da Revista *Nova Escola*, n. 93, p. 7, maio de 1996

No pátio, na quadra ou na sala, com as carteiras afastadas, o professor delimita uma linha de saída e outra de chegada. A classe é organizada em grupos de quatro a seis crianças, sendo que cada uma necessita de duas folhas inteiras de jornal. Os primeiros quatro corredores ficam atrás da linha de saída e, a um sinal combinado, é dada a largada. Nesse momento, cada corredor põe uma das folhas no chão e pisa nela a seguir; o movimento básico, e que será repetido até o final, consiste em se abaixar, pegar a folha de trás e colocá-la adiante da primeira, dar um passo sobre a nova folha e pegar a folha que ficou atrás.

No percurso, não se pode sair de cima das folhas, nem colocar as folhas de qualquer jeito. Será desclassificado o corredor que pisar no chão, colocar sua folha de qualquer modo, atrapalhar o caminho do colega ou rasgar sua folha de jornal.

O vencedor de cada grupo é aquele que cruzar primeiro a linha de chegada e disputará uma final com os vencedores dos demais grupos.

Quando iniciamos essa brincadeira com os alunos, é comum que tentem fazer a troca da posição das folhas rapidamente. Depois, eles percebem que mais importante que a rapidez é a organização das ações e o controle dos movimentos para que cheguem ao final do percurso cumprindo todas as regras combinadas.

Após os alunos terem realizado a brincadeira pelo menos três vezes, é interessante que o professor peça-lhes um desenho para representar o que fizeram enquanto brincavam. Os desenhos têm a função de mostrar o que os alunos perceberam, como representam o espaço no qual aconteceu a corrida e de que forma retratam os movimentos realizados:

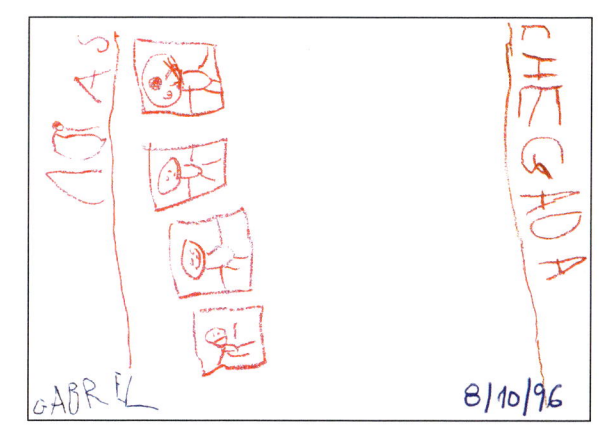

Observando os desenhos acima, vemos que Gabriel demarca a saída, a chegada, representa as quatro crianças com seus jornais na saída, respectivamente posicionadas sobre as folhas. Ana Carolina optou por marcar toda a trajetória que fez desde a linha de saída até a chegada onde estava a professora (vestido azul e cabelo loiro). Ela também demarca o espaço desenhado o chão e as crianças sentadas observando a brincadeira (círculos pretos no desenho). Já Ana Clara faz uma representação das crianças que jogavam e daquelas que assistiam (verde) e identifica os dois jornais utilizados pelos alunos na brincadeira.

Após os alunos terem feito seus desenhos, o professor pode propor uma roda para que exponham suas representações e conversem entre si a fim de que percebam diferentes formas de representar o espaço.

A pessoa misteriosa

4 anos

Com os alunos organizados em filas, o professor seleciona um deles sem que os outros saibam quem é. Em seguida, apresenta algumas pistas sobre a criança escolhida para que eles possam descobrir:

- A pessoa que eu escolhi usa (ou não usa) óculos.
- A pessoa que eu escolhi está sentada entre um menino e uma menina.
- A pessoa que eu escolhi está na frente de João e atrás de Laura.

O professor pode ir acrescentando dicas, até a classe descobrir, ou repetir a atividade incluindo referências como à direita ou à esquerda. Quando a pessoa misteriosa for descoberta, o professor escolhe outra e o processo reinicia. É possível também que o aluno que tenha descoberto a pessoa misteriosa seja o próximo a escolher alguém e apresentar dicas para a classe.

Como a ênfase nessa atividade, além da localização e da posição, está no desenvolvimento do vocabulário – longe, perto, na frente, atrás, antes, depois –, após ter realizado a atividade com a classe umas duas ou três vezes, aconselhamos a produção de um texto coletivo para registrar o que fizeram ou mesmo as dicas que podem ser dadas para localizar as pessoas na classe.

Outro registro que pode ser feito por alunos a partir dos cinco anos é o desenho, que lhes exigirá uma reflexão sobre como representar os colegas e suas respectivas posições no espaço do papel.

O caminho do sino

5 anos

Para realizar esta atividade, é necessário um pequeno sino ou outro objeto que produza um som similar. O professor pede aos alunos que sentem no chão, formando uma roda, e que fiquem de olhos fechados, enquanto ele badala o sino em diferentes locais dentro e fora da classe umas quatro ou cinco vezes. Quando parar, as crianças devem dizer em quais locais o professor estava quando badalou o sino: perto ou longe, dentro ou fora da sala, mais perto da porta ou da janela, etc.

Após essa primeira exploração inicial, o professor percorre com o sino um caminho simples, entre as crianças, e pergunta: "Que caminho eu percorri pela sala?, Quem pode mostrar ou refazer o caminho percorrido?". O aluno que desejar pega o sino e refaz o caminho do professor e a classe discute se foi um caminho curto ou longo, se o professor estava mais longe ou mais perto, por entre quais crianças ele passou, etc.

É interessante pedir aos alunos que expliquem como fizeram para descobrir o caminho, que pistas utilizaram, e solicitar que representem por desenho o caminho que o sininho percorreu:

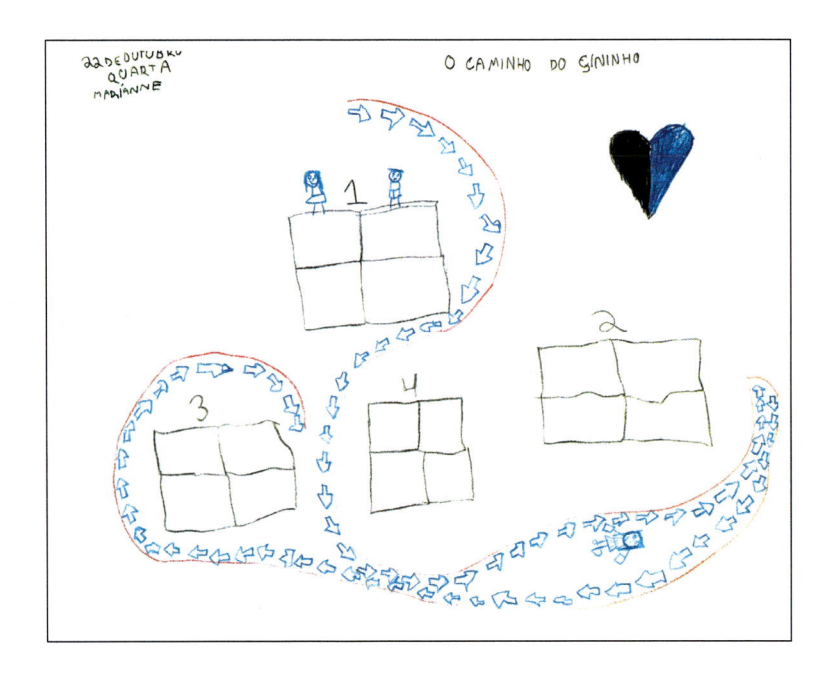

O desenho anterior mostra um aspecto que é comum aparecer no registro dessa atividade: as setas para indicar o trajeto do professor com o sino por entre os alunos. Este é um indício de que os alunos estão começando a representar trajetórias, dando a elas uma direção e um sentido. No desenho, é possível notar também a professora, as carteiras e os grupos entre os quais ela circulou com o sino.

A atividade pode ser repetida outras vezes com caminhos mais sofisticados ou com caminhos feitos pelas próprias crianças.

As próximas atividades propostas envolvem sequências de posições, movimentos e sons e permitem aos alunos ampliar a discriminação visual, compreender noções de posição (antes, depois, entre, acima, embaixo, etc.), perceber relações entre ritmos, duração e, de modo especial, observar regularidades e descobrir padrões.

A percepção de padrões e regularidades, que na Educação Infantil pode ser trabalhada por meio de sequências, é uma habilidade que está relacionada à discriminação visual e a diversas aprendizagens de conceitos matemáticos, sejam eles geométricos ou numéricos. Por exemplo, em geometria, a compreensão do conceito de quadrado como um quadrilátero com quatro lados iguais e quatro ângulos retos implica que os alunos percebam essas características como uma regularidade, algo que se repete em todas as figuras chamadas de quadrado.

As propostas de atividades referentes a padrões e sequências podem iniciar com atividades envolvendo as próprias crianças, como aquelas que proporemos a seguir, ou podem ser realizadas com dobraduras e figuras geométricas diversas, como apresentaremos mais adiante.

Como a fila continua?

3 anos

Com a classe em círculo, o professor organiza uma fila de crianças no centro da roda segundo um padrão de repetição que apenas ele conheça, por exemplo, um em pé, outro abaixado, um em pé, outro abaixado, um em pé, e assim por diante. Feito isso, pede aos alunos que estão sentados que observem a fila, descubram como está organizada e, então, entrem nela.

Em seguida, se o professor quiser mudar o padrão, pode pedir aos alunos que façam uma nova fila mudando o "segredo da arrumação", por exemplo, crianças deitadas no chão na vertical, na horizontal, na vertical, ou crianças de frente, de lado, de frente, entre outros arranjos.

Após a realização da atividade, os alunos podem ser solicitados a produzir um desenho sobre ela:

Nesse caso, os desenhos permitem aos alunos a expressão dos padrões percebidos e servem de avaliação para o professor, pois muitas vezes, quando os alunos não compreenderam o padrão de repetição, isso acaba aparecendo em seus registros, o que permite ao professor obter indícios sobre a necessidade de retomar a atividade e decidir que outras intervenções devem ser feitas antes de propor esse tipo de atividade novamente.

Este não é o caso das representações apresentadas nas quais as crianças explicitam sua compreensão das regularidades presentes em cada sequência. No primeiro desenho, a regularidade é uma criança sentada, a outra em pé, uma sentada, a outra em pé, uma sentada, a outra em pé... No segundo desenho, o padrão era uma criança de frente, duas de costas, um de frente, duas de costas, uma de frente, duas de costas... Finalmente, no terceiro desenho, o padrão era uma menina, um menino, uma menina, um menino... Vale destacar que nessa última representação podemos diferenciar meninos e meninas pela roupa, observando que as meninas estão de saia e os meninos de calção e boné.

Sons e movimentos

4 anos

O trabalho com sequências também pode ser realizado com sons e gestos, tais como:

- O professor bate palmas, bate palmas, estala os dedos, bate palmas, bate palmas, estala os dedos, etc., e propõe às crianças que continuem o padrão iniciado. A seguir, poderá propor que elas completem com o movimento adequado, palmas ou estalo de dedos, os intervalos que interrompem a sequência, por exemplo: palma, palma, estalo, palma, palma, etc.
- O professor levanta os braços, abaixa, toca a ponta do nariz com o indicador; levanta os braços, abaixa, toca a ponta do nariz com o indicador; levanta os braços, abaixa, toca a ponta do nariz com o indicador; os alunos procuram imitá-lo e repetem os gestos durante algum tempo.

Essas propostas podem ser realizadas ao ritmo de uma música, devagar ou rapidamente, o que permite que os alunos desenvolvam relações de espaço-tempo, além das habilidades de memória visual e discriminação visual.

Posteriormente, há a possibilidade de os alunos criarem seus próprios padrões. O professor divide a classe em grupos de observadores e de participantes que deverão revezar-se. Um dos grupos organiza uma sequência de posições, gestos ou sons e outro grupo irá continuá-la, tentando descobrir qual o padrão ou a regularidade que o grupo estabeleceu para a sequência.

Noções de espaço e lateralidade

6 anos

A partir dos seis anos, as crianças adquirem cada vez mais consciência das partes de seu corpo e percebem que há o predomínio de um dos lados: usam mais uma mão do que a outra, chutam a bola mais com um pé do que com o outro, etc. Isso ocorre porque começa a surgir a percepção intuitiva da lateralidade, cujo controle e conhecimento precisam ser trabalhados pela escola, inclusive em aulas de matemática, uma vez que o domínio da lateralidade será importante para auxiliar os alunos na superação da escrita espelhada, na localização de objetos, de outras pessoas e de si mesmo com maior precisão, na percepção com maior nitidez das relações entre direção e sentido, na leitura de mapas e coordenadas, entre outras tarefas que realizarão em seu cotidiano na escola e fora dela.

As atividades que seguem são todas destinadas a trabalhar o tema da lateralidade com os alunos e estão organizadas conforme o grau de dificuldade que podem representar para as crianças.

Quem está à direita?

6 anos

Antes de iniciar a atividade, o professor pergunta aos alunos se sabem qual é a sua mão direita, como sabem disso e, então, coloca uma marca qualquer na mão direita de cada aluno só para identificá-la.

Os alunos sentam em círculo e cada um recebe um crachá, o qual pode ser em forma de colar com um número. A entrega desse crachá numerado é aleatória, não devendo obedecer a uma sequência numérica. O professor senta com os alunos na roda, deixando um espaço vazio do seu lado direito.

A brincadeira inicia com o professor dizendo: "À minha direita, está sentado o número...". O aluno que tiver o crachá correspondente ao número pedido levanta-se e vai sentar no lugar indicado. O aluno que ficou com seu lado direito desocupado, será o próximo a falar: *A minha direita está sentado o número...* A criança que não se levantar dentro de um certo tempo ou que levantar na hora errada sai da roda. O mesmo ocorre com quem ficar com seu lado direito desocupado e esquecer-se de chamar. A roda vai fechando-se, e ganha quem não sair dela até o final da brincadeira.

Essa brincadeira pode ser repetida umas três ou quatro vezes, de modo que na terceira vez em que brincarem nenhuma criança mais tenha a mão marcada. Também é interessante fazer a mesma atividade envolvendo a mão esquerda. A seguir, são apresentados alguns registros dessa atividade produzidos por alunos de seis anos:

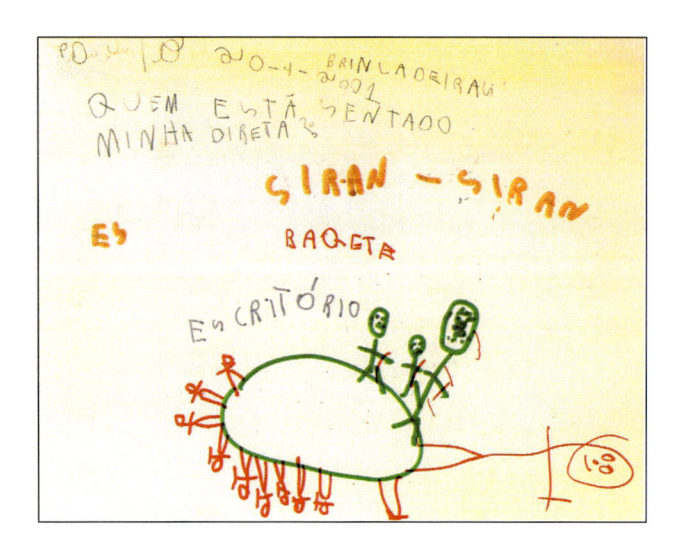

Se eu fosse um robô

6 anos

O professor diz aos alunos que eles imitarão um robô, o qual anda apenas quando recebe ordens de alguém. Feito isso, pede a um aluno que fique na porta da classe, explicando-lhe que se movimentará até sua carteira seguindo as instruções verbais que serão dadas. As instruções devem usar apenas os comandos: *em frente, pare, ande tantos passos para frente, vire à direita, dê meia volta, vire à esquerda*.

Quando terminar, isto é, quando o aluno atingir sua carteira, outro aluno será chamado e o processo repete-se a partir da porta ou de outro ponto da classe. Outra possibilidade é que um aluno dê as instruções para outro seguir e depois troquem de papéis.

A atividade é repetida em outros momentos, sendo possível pedir aos alunos que desenhem o último percurso realizado em uma folha em branco. Quando os desenhos estiverem prontos, o professor organiza uma roda, coloca os desenhos no chão e analisa com a classe as representações dos deslocamentos realizados, questionando quem traçou o percurso mais curto, se alguém usou seta para indicar o caminho e por quê, se é possível perceber o número de passos dados pela criança que fez o deslocamento, etc.

Quadriculados

6 anos

As atividades sobre os quadriculados visam a levar o aluno a codificar, decodificar e representar ações de deslocamentos, colocando em prática o vocabulário de relações como direita, esquerda, para cima, para baixo, para frente, etc.

No chão do pátio, o professor desenha com giz um quadriculado grande, com o lado de cada quadrado equivalente a um passo de seus alunos, e deixa os alunos circularem livremente sobre ele. Após esse primeiro momento, relembra com a classe a atividade *Se eu fosse um robô* e pergunta para os alunos se seria possível usar o quadriculado para fazer percursos como aqueles realizados na classe e como isso poderia ser feito.

Então, o professor pede ajuda de algum aluno que queira experimentar realizar percursos no quadriculado. O aluno fica em um ponto qualquer do quadriculado e desloca-se, por exemplo, dois passos ou dois lados de quadrado para frente, um para esquerda, quatro para frente, dois para direita, etc. Professor e alunos podem revezar-se tanto na voz de comando quanto no deslocamento sobre o quadriculado, enquanto os outros alunos desenham o trajeto realizado sobre o quadriculado em uma folha de papel em branco:

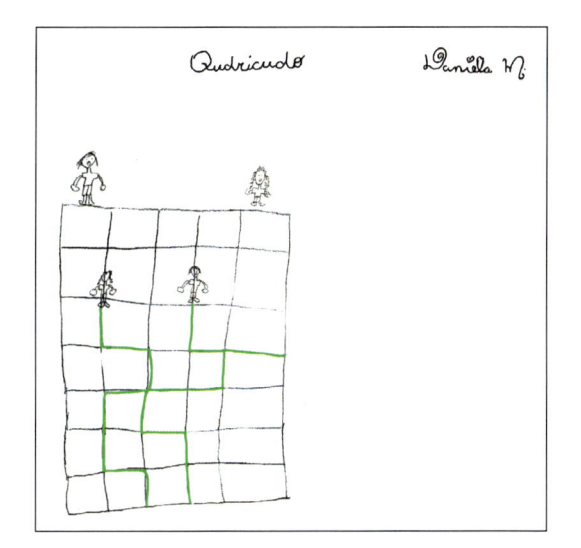

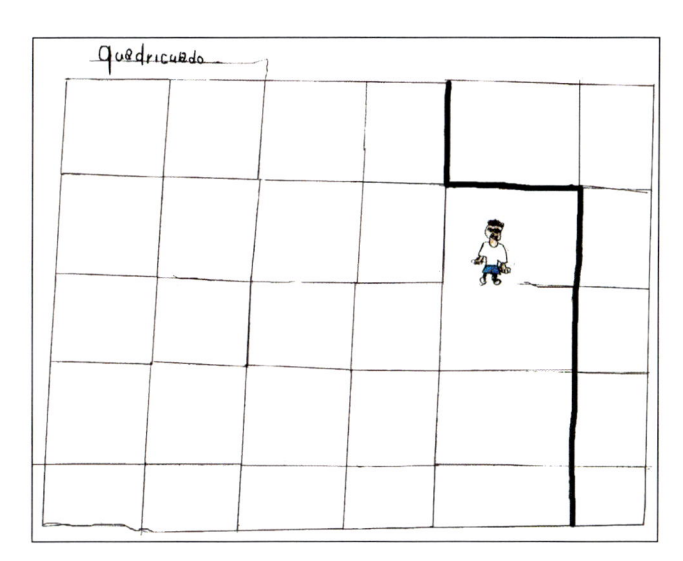

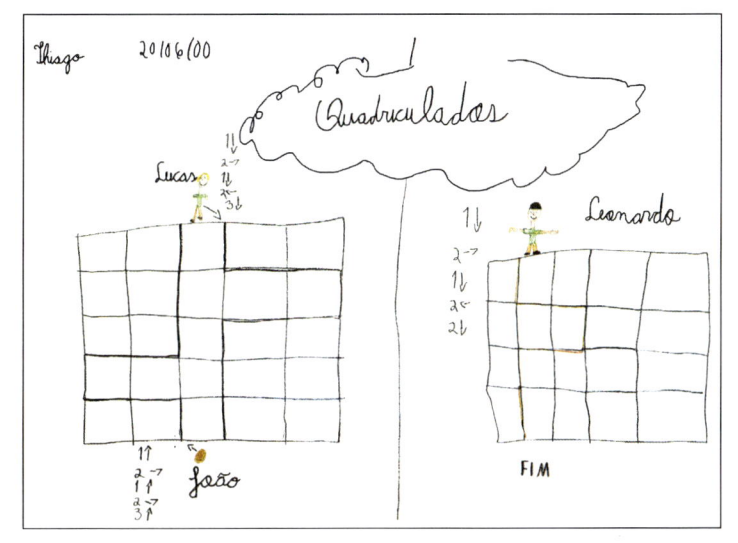

Quando diversos alunos tiverem participado da atividade, os registros feitos são analisados e comparados em termos de semelhanças e diferenças. É possível que, ao registrar os deslocamentos, os alunos criem códigos ou símbolos para representar as ordens verbais, tal como aparece no terceiro e no quarto registros que mostramos anteriormente. Essas iniciativas devem ser discutidas com a classe: "Qual a razão de usar símbolos? O que os sinais criados pelos alunos representam?". Caso eles não tenham a iniciativa de codificar as mensagens, sugira-lhes essa possibilidade.

Suponhamos que a classe adote os seguintes sinais para os deslocamentos:

- para a esquerda ←
- para frente ↑
- para a direita →

Usando o código elaborado e discutido com os alunos, é interessante propor outras atividades. Uma delas pode consistir em o professor mostrar aos alunos um cartaz com uma mensagem como ↑ → → → ↓ ↓ ← e discutir como devem movimentar-se sobre o quadriculado para atender à mensagem.

Também é interessante incentivá-los a trabalhar em duplas: um aluno elabora uma mensagem e o outro tenta executar o percurso; depois os papéis são trocados. Esse exercício de códigos auxilia os alunos a desenvolver as relações entre a linguagem materna e os códigos e sinais matemáticos.

Onde estou?

6 anos

Esta atividade permite ao aluno orientar-se em relação ao próprio corpo, aos objetos e a outras pessoas.

O professor faz aos alunos perguntas como:

– Quem senta na frente de Pedro?
– Quem senta entre Ana e Júlia?
– Quem senta atrás de Paulo?

Os alunos devem responder às questões dando os nomes dos colegas que ocupam as posições em questão.

O professor também pode dar algumas informações e pedir aos alunos que digam se elas são verdadeiras ou falsas:

– Juliana senta atrás de Carla.
– Felipe senta ao lado de Paula.
– Carol senta à esquerda de Juliana.

Em uma terceira etapa, o professor pede aos alunos que se localizem na classe – "Eu me chamo Luiz e sento na frente de Marcelo, atrás de Maria e à esquerda de Tiago." – e que façam um desenho de sua localização:

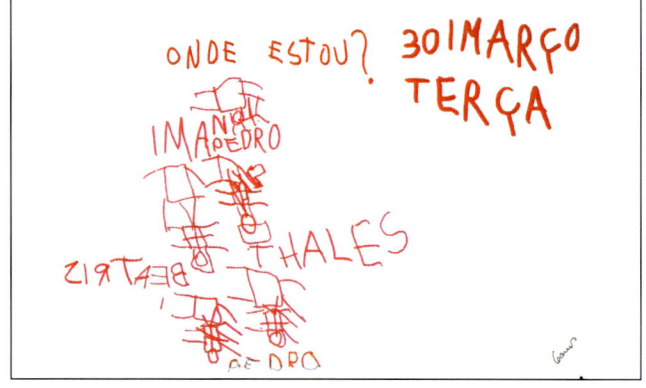

Finalmente, pode-se pedir aos alunos que fiquem em pé, na frente da sala, enquanto o professor, sentado em uma das carteiras, fornece as instruções para que eles se sentem:

- Luiz, sente-se à minha direita.
- Cristiane, sente-se à minha esquerda.
- Patrícia, sente-se na frente de Luiz.

Caso o professor note que os alunos ainda se confundem em relação às localizações que envolvem noções de direita e esquerda, pode retomar as atividades anteriores antes de propor as próximas atividades.

Ainda é possível combinar posições e lateralidade em atividades que envolvam percepção espacial. Esse tipo de atividade oferece desafios que auxiliam os alunos a pensar e resolver problemas de equilíbrio, ler e interpretar sinais, ter uma maior consciência de sua lateralidade. Para exemplificar esses casos, propomos as atividades a seguir.

Equilibrando[5]

6 anos

Para realizar esta atividade, são necessários os cartões e o cartaz que constam no Anexo 1. A atividade deve ser realizada no pátio ou na quadra de esportes da escola.

Antes de propor a atividade, o professor discute com os alunos os significados dos sinais que estão no cartaz e o que cada cor representa:

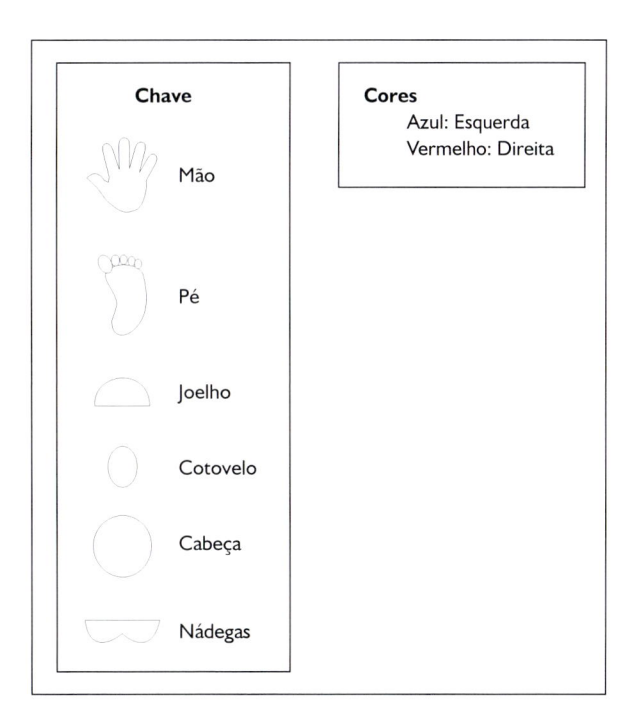

Chave	**Cores**
Mão	Azul: Esquerda
Pé	Vermelho: Direita
Joelho	
Cotovelo	
Cabeça	
Nádegas	

Em seguida, mostra um cartão simples, por exemplo, o de número 3, e pede que os alunos equilibrem-se conforme o que está indicado no cartão, como apoiar os dois pés e as duas mãos no chão:

---

[5] Atividades de equilíbrio adaptadas de Capo, S. *Propostas de atividades para educação pelo movimento*. São Paulo: Ática, 1986.

Os alunos devem procurar equilibrar-se nas partes corretas do corpo, sem que nenhuma outra parte toque no chão, e não podem cair. O professor propõe um problema de cada vez e depois conversa com a classe, o que foi fácil, o que foi difícil, como fazer para não cair, etc.

Conforme os alunos forem realizando os seis primeiros cartões com maior agilidade e rapidez, o professor pode sofisticar as propostas, incluindo cartões nos quais apareçam as cores vermelha e azul. Nesse caso, além da parte do corpo, os alunos deverão observar também se há referência à lateralidade:

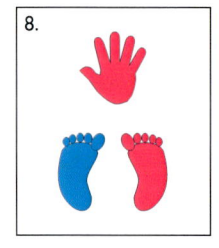

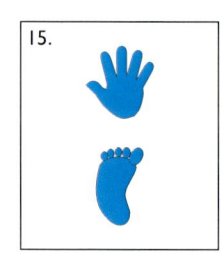

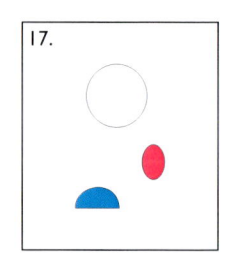

É possível usar os cartões como parte de uma pista de obstáculos, de modo que, quando os alunos chegarem a um cartão, devam realizar a tarefa de equilíbrio determinada antes de se deslocarem para o próximo obstáculo.

Olha o apito

6 anos

Uma variação da atividade anterior consiste em distribuir os cartões pelo espaço disponível, com um ou dois alunos designados para cada posição de equilíbrio, conforme o que estiver indicado no cartão. Ao sinal de um apito, eles devem mover-se rapidamente para um novo cartão, assumindo a posição de equilíbrio indicada nele. Os alunos mantêm tal posição, até que seja dado o sinal para nova mudança. Cada vez que é dado o sinal, cada dupla de participantes tenta encontrar um novo cartão e, se um aluno da dupla perder o equilíbrio, a dupla é eliminada. Vence a dupla que conseguir passar por todos os cartões sem errar as posições de equilíbrio e sem cair.

> **DICAS PARA SE SAIR BEM NO "OLHA O APITO"**
> - PRESTAR ATENÇÃO NA FIGURA PARA NÃO ERRAR A POSIÇÃO
> - QUANDO O APITO TOCAR, TROCAR LOGO DE POSIÇÃO
> - TEM QUE SE EQUILIBRAR MUITO BEM NA POSIÇÃO
> - PRESTAR ATENÇÃO EM QUAL PARTE DO CORPO TERÁ QUE SE EQUILIBRAR
> - OLHAR SEMPRE PARA A FIGURA QUE ESTÁ NA SUA FRENTE E NÃO DO AMIGO DO LADO
> - PRESTAR ATENÇÃO PARA QUAL LADO ESTÃO VIRADAS AS MÃOS
>
> TEXTO ELABORADO PELOS ALUNOS DO JARDIM III B, NO DIA 7/08/2001.

Certamente, há outras atividades corporais que podem ser desenvolvidas com os alunos da Educação Infantil e que contribuem para o desenvolvimento de sua percepção espacial, não sendo nossa pretensão esgotá-las aqui.

O que desejamos fundamentalmente é que na escola sejam oferecidas aos alunos diversas e frequentes oportunidades não apenas de aperfeiçoar habilidades que já possuem, mas também de desenvolver outras que são essenciais para que eles se localizem espacialmente.

É importante que o professor observe os alunos durante a realização das diferentes atividades a fim de identificar como eles resolvem os desafios propostos, que tipos de dificuldades encontram, que avanços apresentam, o que não eram capazes de fazer e que começam a conseguir, que indícios dão de que estão ampliando a consciência sobre lateralidade, etc. Os próprios alunos podem avaliar suas ações falando sobre o que aprenderam, o que foi difícil e o que mais poderiam ter feito em cada uma das atividades.

Apesar da importância das atividades que envolvem as relações entre corpo e espaço, elas são apenas parte do trabalho com a geometria na Educação Infantil. Tão importante quanto as relações entre corpo e espaço, é o estudo de figuras e formas do qual trataremos a seguir.

ANEXO 1 – Cartões para as Atividades Equilibrando e Olha o Apito

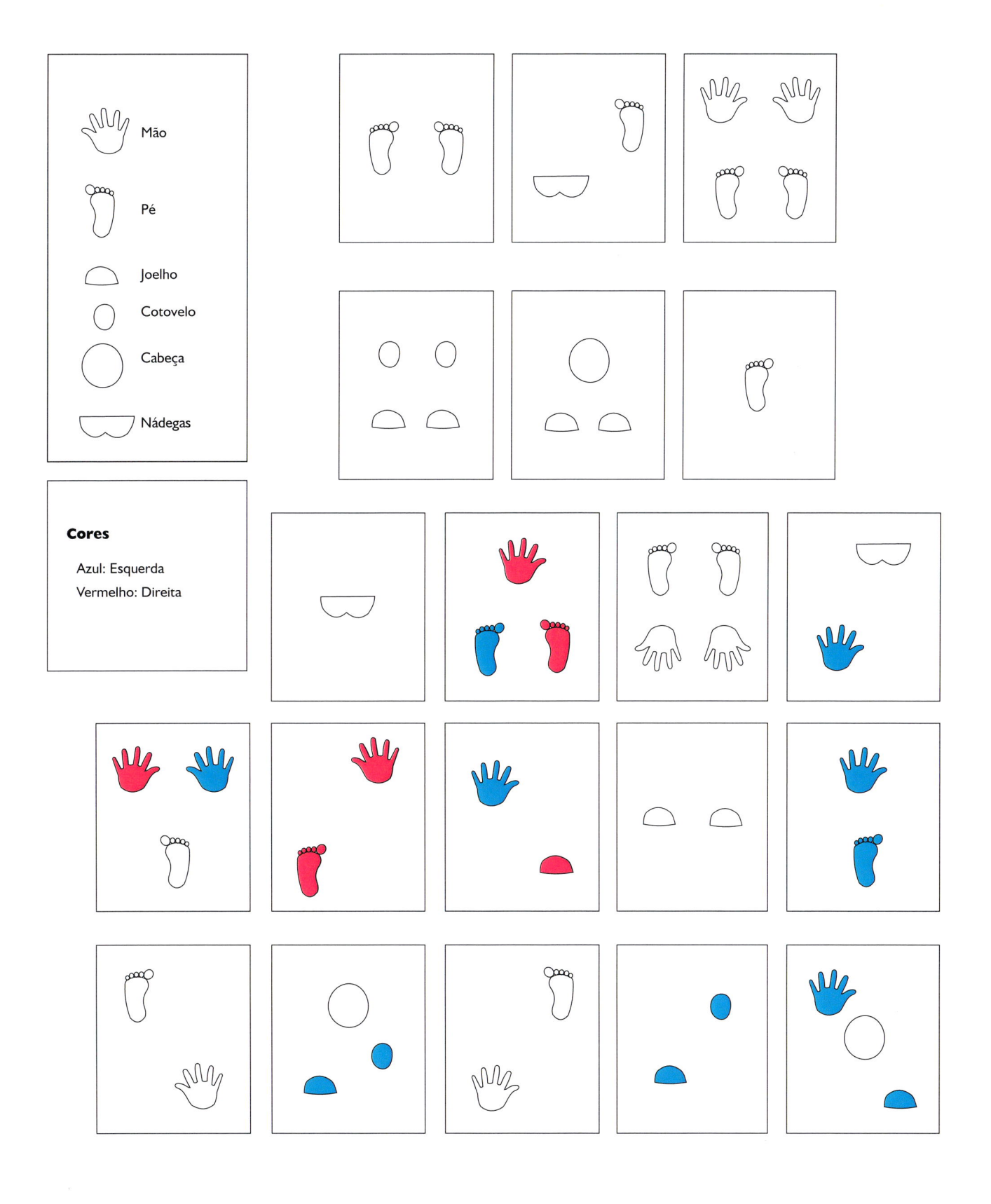

Mão
Pé
Joelho
Cotovelo
Cabeça
Nádegas

Cores

Azul: Esquerda
Vermelho: Direita

4 Conhecendo as Figuras Planas

Um dos objetivos do trabalho que propomos com figuras e formas na Educação Infantil é levar os alunos a reconhecer e nomear figuras planas, tais como quadrado, triângulo, retângulo, paralelogramo, losango, hexágono e círculo, identificando nelas algumas de suas propriedades. Entre as figuras planas que desejamos que os alunos conheçam, estão os *polígonos*.

Polígonos são figuras planas fechadas, com lados retos (três ou mais) que não se cruzam. Veja a ilustração abaixo:

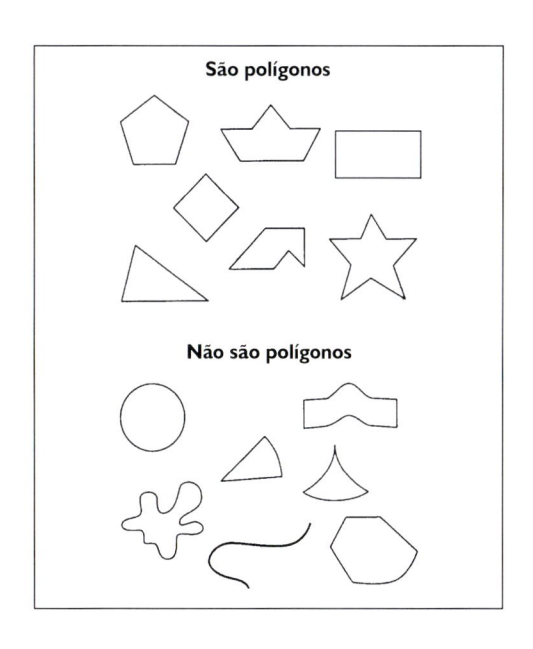

Os polígonos são identificados pelo número de lados ou ângulos que possuem. Observe os elementos de um polígono nos desenhos abaixo:

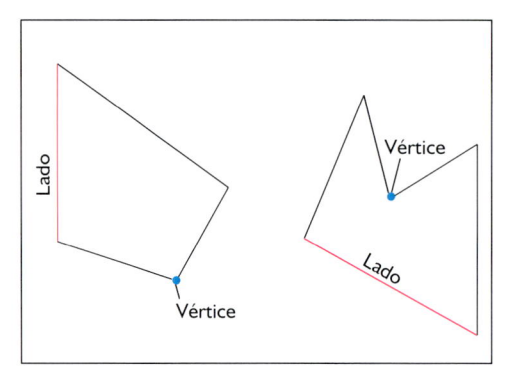

Lado: cada segmento de reta que forma o polígono.

Vértice: encontro de dois lados do polígono; o vértice do polígono é também vértice de um ângulo do polígono.

A tabela abaixo apresenta algumas propriedades dos polígonos com os quais trabalhamos na Educação Infantil:

Polígono[1]	Principais Propriedades	Tipos/Representações
Triângulo	3 lados 3 vértices 3 ângulos Não possui lados paralelos	*Equilátero* (três lados de mesma medida) *Isósceles* (dois lados de mesma medida) *Escaleno* (todos os lados com medidas diferentes) *Retângulo* (um dos ângulos é reto)

Continua

---

[1] Denominamos de polígono tanto a linha poligonal quanto a reunião desta com a região poligonal, nesse caso, a união da superfície da figura com seu contorno. A diferenciação entre esses conceitos não faz sentido para crianças da Educação Infantil.

Para saber mais sobre polígonos, ver Coll, C. e Teberosky, A. *Ensinando e aprendendo matemática*. São Paulo: Ática, 1999.

Continuação

Polígono	Principais Propriedades	Tipos/Representações
Paralelogramo	4 lados (quadrilátero) 4 vértices 2 pares de lados paralelos e de mesma medida 4 ângulos, iguais dois a dois	
Retângulo	4 lados (quadrilátero) 4 vértices 2 pares de lados paralelos e de mesma medida 4 ângulos retos (cada um mede 90°)	
Quadrado	4 lados (quadrilátero) 4 lados iguais 2 pares de lados paralelos 4 ângulos retos (cada um mede 90°)	
Losango	4 lados (quadrilátero) 4 lados iguais 2 pares de lados paralelos 4 ângulos, iguais dois a dois	
Trapézio	4 lados (quadrilátero) 1 par de lados paralelos 4 ângulos	Isósceles (dois lados de mesma medida)

Continua

Quadrilátero: *quadri* é o mesmo que quatro; *látero* vem do latim e significa lado.

Continuação

Polígono	Principais Propriedades	Tipos/Representações
Trapézio		Escaleno (todos os lados com medidas diferentes)
		Retângulo (um dos ângulos é reto)
		No trapézio, os lados paralelos recebem nomes de base maior e base menor
Pentágono	Cinco lados Cinco ângulos	
Hexágono	Seis lados Seis ângulos	

Pentágono: *penta* é o mesmo que cinco; *gono* vem do latim e significa ângulo.
Hexágono: *hexa* é o mesmo que seis.

Embora tenhamos mencionado diversas propriedades dos polígonos, na Educação Infantil esperamos que os alunos apenas identifiquem lados e vértices, consigam enumerá-los e percebam se os lados são ou não de mesma medida.

Além dos polígonos, trabalhamos também com o *círculo*, que é uma figura plana delimitada por uma *circunferência*, que é o conjunto de pontos do plano situados todos a uma mesma distância de um ponto fixado chamado de centro da circunferência:

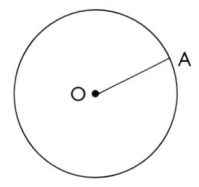

Circunferência de centro O e raio $\overline{OA}$ 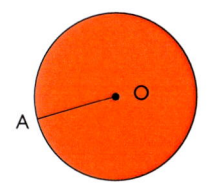   *Círculo de centro O e raio $\overline{OA}$*

A seguir, propomos atividades que trabalham o reconhecimento das figuras planas aqui mencionadas, valendo-nos de recursos como blocos lógicos, dobraduras, atividades corporais, quebra-cabeças, tangram e geoplano.

Blocos Lógicos

A utilização de blocos lógicos em jogos surgiu a partir dos trabalhos realizados pelo educador canadense Zoltan Paul Dienes, em pesquisas que ele realizou com seu grupo de trabalho em vários lugares do mundo, com a finalidade específica de desenvolver o raciocínio lógico-matemático segundo a perspectiva de Piaget.

Normalmente, o material é constituído por 48 peças (de madeira, plástico ou borracha) que diferem uma da outra conforme quatro atributos:

Cor: amarelo, vermelho e azul.
Forma: quadrado, retângulo, triângulo e círculo.
Espessura: grosso e fino.
Tamanho: pequeno e grande.

Embora saibamos que as peças dos blocos não representem figuras planas, uma vez que todas possuem espessura, acreditamos que elas sejam um recurso importante para uma primeira familiarização dos alunos com os nomes das figuras. Como vimos anteriormente, os alunos da Educação Infantil, em sua grande maioria, estão no nível da visualização sugerido pelo casal van Hiele, no qual as crianças precisam ter desenvolvido as primeiras imagens e as primeiras percepções das formas. Em parte, isso pode ser trabalhado através dos blocos.

Além disso, como se pode observar a partir da descrição das atividades que seguem, o trabalho com blocos lógicos em atividades que exigem da criança a manipulação, a construção e a representação de objetos estruturados, auxilia o desenvolvimento de habilidades de discriminação e memória visual, constância de forma e tamanho, sequência e simbolização. As atividades com esse tipo de material permitem à criança avançar do reconhecimento das formas para a percepção de suas propriedades, ou seja, caminhar do nível da visualização para o nível da análise.

O trabalho com blocos lógicos também auxilia os alunos a classificar formas, ou seja, juntá-las por semelhanças ou separá-las por diferenças. A classificação é uma estrutura lógica que, no caso da geometria, está relacionada à formação das noções do que são as figuras geométricas e de suas propriedades. Por exemplo, quando a criança é capaz de separar o quadrado das outras figuras, ela executa a ação de classificar e estabelece observações sobre as características dessa figura que a distinguem das demais.

Nesse sentido, é importante trabalhar com blocos na Educação Infantil, pois, além de permitir um trabalho com classificação, esse material pode dar início ao reconhecimento e à nomeação de figuras geométricas, já que é um modelo visual para as crianças. A seguir, apresentamos algumas sugestões de atividades para o trabalho com blocos lógicos.

Conhecendo o material[2]

3 anos

Organizar as crianças em grupos de quatro e colocar à disposição um conjunto de blocos lógicos para cada grupo. Combinar que todos no grupo podem mexer nas peças e que, ao final da atividade, as peças dos blocos devem ser guardadas na caixa.

No momento em que as crianças têm o primeiro contato com o material, é interessante que o professor garanta que possam explorar livremente os blocos lógicos e circule pela classe para observar o envolvimento dos alunos, o que cada grupo faz com o material, como as crianças organizam-se para distribuí-lo, etc.

Assim, o professor deve criar uma motivação anterior para a melhor exploração e permitir uma exploração livre, pois durante essa fase a criança percebe as principais características dos objetos, relaciona essas características e organiza as peças segundo suas próprias observações.

---

[2] Lembramos que o ícone 3 anos indica a partir de qual idade essa atividade é recomendada.

O professor deve levar seu aluno a falar sobre os arranjos que fez com o material. Essa prática permite-lhe perceber o momento certo para começar a direcionar as atividades. Tal dinâmica pode ser repetida outras vezes de acordo com a necessidade da classe em explorar os blocos. É muito comum as crianças montarem inicialmente torres, sanduíches ou outros objetos que possam sugerir o empilhamento. Respostas como: "Arrumei pela cor" ou "Separei tudo o que é bola", são indicadores de que já se pode propor as primeiras atividades mais dirigidas.

"CASA"

DIEGO

"PRÔ, OLHA O MICKEY!"

CAROLINE

"CASINHA"

RAFAELI

Nesse momento, é possível observar as hipóteses das crianças. Após a primeira ou segunda aula de exploração, algumas crianças já começam a montar figuras e, posteriormente, passam a organizar determinadas peças dos blocos seguindo um critério de classificação:

Os desenhos dos alunos sobre a atividade também dão sinais de suas primeiras classificações das peças:

O professor também pode estimular seus alunos para que falem sobre as características das peças, o que os levará a perceber seus atributos. Em nenhum momento se deve forçar alguma resposta por parte das crianças. Sempre que elas não conseguirem responder o que se esperava, é interessante perguntar novamente, apresentando outra atividade com a mesma estrutura, orientando-a e mediando-a até que consigam atingir o que se esperava.

Pode-se fazer isso através de perguntas:

- As peças são todas iguais?
- O que vocês perceberam de diferente?
- Há peças com pontas, sem pontas?

Enfim, é possível propor problemas para que os alunos explicitem suas observações, o que pode ser feito através de explorações verbais sobre os atributos das peças:

- Eu vou mostrar uma peça e gostaria que vocês falassem tudo o que sabem sobre ela!
- Agora vou mostrar outra e vocês farão o mesmo!

Tal procedimento pode ser seguido enquanto as crianças mostrarem-se interessadas. Em outro momento, o professor pode fazer o contrário: fala sobre a peça e pede que ela seja mostrada. Por exemplo:

- É azul, grossa, grande e tem três lados.

Uma outra variação dessa atividade é mostrar uma peça e pedir para que os alunos encontrem outra que mantenha com ela alguma semelhança.

O que sugerimos até aqui deve ser proposto algumas vezes até que o professor perceba que isso não é mais necessário, porque os alunos conhecem as figuras e suas características. No entanto, independentemente dessa exploração dirigida, muitas vezes é preciso um momento de exploração livre do material entre os alunos.

Após essa fase inicial, outras atividades para explorar a geometria podem ser propostas. Para isso, organizamos dois blocos de atividades: o primeiro, com atividades voltadas ao reconhecimento das figuras; o segundo, com atividades que exigem da criança ir além do conhecimento por sua aparência e começar a perceber as propriedades de algumas figuras planas.

Sopa de pedras

3 anos

As crianças são dispostas em círculo, em uma delas é designada como "cozinheira". O material é oferecido para explorarem livremente. Em seguida, o professor pede que coloquem as peças no chão, no meio da roda, e diz:

– *Vamos fazer de conta que estas peças são pedras e que nós vamos fazer uma sopa com elas para um bicho muito esquisito que gosta de comê-las!*

A criança "cozinheira" pede uma pedra para pôr na sopa, falando sobre uma das peças dos blocos. Ela deve levantar a maioria dos atributos da peça, se não mais de uma peça lhe será entregue, por exemplo: se a "cozinheira" falar *vermelho, grosso*, as crianças podem pegar qualquer forma, de qualquer tamanho.

Espera-se que as crianças percebam que todas as peças dos blocos lógicos são diferentes entre si e que, para determinar cada uma, é preciso falar de suas características.

O professor propõe como variação passos mais detalhados, que levem a uma observação apurada dos atributos do objeto. Por exemplo, a cozinheira separará peças dentro do "caldeirão" e dará as pistas para as outras crianças trazerem peças iguais e, no final, as crianças verificam se acertaram ou não através do bloco:

– *Eu preciso de uma pedra que é azul, grande, fina e tem todos os lados do mesmo tamanho.*
– *Eu preciso de uma pedra que é vermelha, fina, pequena e tem três lados.*

Fechando e abrindo os olhos

3 anos

Com crianças de três anos, as atividades iniciais são feitas com 10 peças apenas, mas de forma que todos os atributos sejam garantidos (cor, forma, tamanho e espessura).

Dois ou mais participantes sentam-se ao redor de um jogo de blocos e elegem um líder. Na sua vez, cada criança fecha os olhos e o líder mistura as peças.

Sempre de olhos fechados, a criança escolhe uma peça. O líder, então, pergunta:

– *O que você tem na mão?*

O jogador abre os olhos e descreve a peça, ganhando um ponto a cada atributo que acertar. Os pontos podem ser registrados como os alunos julgarem mais adequado. Ganha o jogo quem, ao final, tiver o maior número de pontos no grupo.

Para crianças maiores, o jogador pode ir perdendo 1 ponto para cada atributo que acertar. Ele pode ter 30 pontos, no começo da partida, e ir perdendo ao longo das jogadas. Ganha quem ao final tiver menos pontos no grupo.

Uma outra variação é mudar o jogo para *Diga o que a peça não é*. Por exemplo, o professor mostra um quadrado grande, azul e fino; quando abrirem os olhos, os alunos terão de dizer:

– Não é fino, não é grande, não é quadrado e não é azul.

Que peça eu tenho?

4 anos

A classe deve estar organizada da mesma forma que na atividade anterior. No entanto, o foco agora está no desenvolvimento da memória visual.

O líder do grupo escolhe uma peça sem que as outras crianças vejam. Todos fazem perguntas ao líder sobre a peça:

– É vermelha?
– É grande?
– É grossa?

O líder só pode responder sim ou não. A criança que adivinhar qual é a peça fica com ela e passa a ser o líder. Acaba o jogo quando não houver mais peças. O vencedor será o jogador com maior número de peças.

Jogo do contrário

5 anos

Nesta atividade, enfocamos a percepção das propriedades das figuras, a discriminação visual e as habilidades verbais dos alunos.

A classe é dividida em grupos, e os jogadores de cada grupo jogam com as mãos na cabeça. O professor vai falando:

– Eu quero uma peça que não seja...

E diz todos os atributos que a peça não deve ter. Depois, ele pergunta:

– Que peça eu quero?

Só então os jogadores podem tentar pegar as peças. Quem pegar primeiro fica com a peça. Ganha quem conseguir o maior número de peças.

No início, as crianças podem apresentar dificuldade em classificar as peças sem mexer; por isso, o professor permite que manuseiem o material enquanto ele vai dando os comandos. Posteriormente, a identificação deve ser feita apenas de modo visual.

Uma outra variação é o professor deixar de dizer um ou dois atributos que ele não quer, fazendo com que a pergunta possa ter mais de uma resposta.

Sem colocar as mãos na peça, mostrá-la e pedir para que os alunos digam o que ela **não é.** Na sua vez, cada jogador diz somente um atributo que a peça não tem. Quem erra sai do jogo.

É possível ainda mostrar uma peça e pedir aos alunos que encontrem no seu material uma peça que tenha uma diferença em relação a que foi exibida.

Adivinhe quem eu sou?

5 anos

As crianças estão sentadas em grupo de quatro com uma caixa de blocos lógicos em cada grupo.

O professor diz que esta é uma brincadeira de adivinhação e que a resposta sempre será uma peça dos blocos lógicos. Para responder, os grupos precisam esperar que todas as dicas sejam dadas e todos os integrantes do grupo precisam estar de comum acordo.[3]

Sugestões de adivinhas:

1. Sou amarelo.
   Tenho três pontas.
   Não sou fino.
   Sou grande. Quem sou eu?

2. Não tenho pontas
   Sou azul.
   Sou grosso.
   Não sou grande. Quem eu sou?

3. Não tenho pontas.
   Não sou amarelo nem azul.
   Não sou grosso.
   Não sou pequeno. Quem eu sou?

A adivinha pode ser feita em etapas, solicitando-se às crianças que separem as peças a cada pista dada. É possível que, posteriormente, o professor convide-as para criar suas próprias adivinhas.

Uma outra variação é entregar a adivinha já escrita para as crianças lerem se já forem leitoras; do contrário, ou o professor lê, os grupos discutem qual é a peça, desenham a resposta e socializam-na com toda a classe.

Também é possível que duas classes criem uma ou mais adivinhas coletivamente, tirem cópias e troquem entre si. Depois de resolvidas, as adivinhas voltam para os seus autores a fim de que possam conferir a resolução feita pelos adivinhadores.

Sacola surpresa

4 anos

Nesta atividade, enfocamos a percepção das propriedades das figuras, a discriminação visual e as habilidades verbais dos alunos. Ela deve ser proposta somente quando as crianças já souberem o nome das figuras dos blocos.

Antes de a classe iniciar a atividade, o professor escolhe duas peças dos blocos, coloca-as dentro de uma sacola ou meia, organiza as crianças em roda e convida cada uma delas a sentir o que tem dentro da sacola, apenas tocando, sem olhar.

---

[3] Sobre adivinhas e resolução de problemas, ver o volume 2 desta coleção.

É importante que o professor combine com as crianças que não podem dizer o que pensam que está dentro da sacola antes de todos terem tido a oportunidade de explorar e apalpar os objetos. Ao final, propõe uma discussão:

– O que vocês pensam que há na sacola?
– Quantas peças vocês acham que estão aqui dentro?
– Por que vocês pensam que são estas peças?
– O que mais vocês pensam que está aqui dentro?
– As peças podem ser todas iguais ? Por quê?

Quando todas as crianças tiverem dado a sua opinião, o professor pede a uma delas para abrir a sacola e fazer com que todos vejam o que estava lá dentro. Para voltar a discutir:

– Quantas peças estavam aqui?
– Eram as peças que vocês disseram?
– O que mais pode ser dito sobre estas peças?
– Elas são parecidas? Em quê?

Com o tempo, o professor pode propor variações para essa atividade, como pedir às crianças que, sem olhar, tirem da sacola uma peça específica, por exemplo:

– Um quadrado!
– Uma peça que não tenha pontas!
– Uma peça com quatro lados!

Essa mesma atividade pode ser feita com outros objetos, como sucata, bola de gude, sólidos geométricos, etc.

Quem encaixa todas?

6 anos

Nesta atividade, enfocamos a percepção das propriedades das figuras, a discriminação visual e a classificação das figuras de acordo com algum critério estabelecido.

A classe é separada em dois grupos. Um conjunto de blocos é colocado no centro da classe, e o professor desenha um diagrama no chão, colocando dentro de cada divisão uma peça que sugere uma classificação. Por exemplo, se o diagrama desenhado for o que segue em uma divisória, coloca uma peça grande e em outra uma pequena:

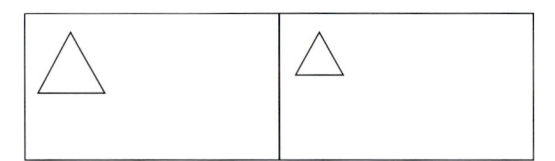

Na sua vez, o grupo escolhe um representante para ir ao centro e escolher uma peça para ser colocada dentro de uma das divisões. Cada vez que um grupo acertar, ganha um ponto que é registrado na lousa pelos próprios jogadores. Ganha o jogo quem fizer mais pontos ao final. O jogo termina quando as peças acabarem ou quando nenhuma peça puder ser colocada.

Eis alguns tipos de diagramas que podem ser utilizados:

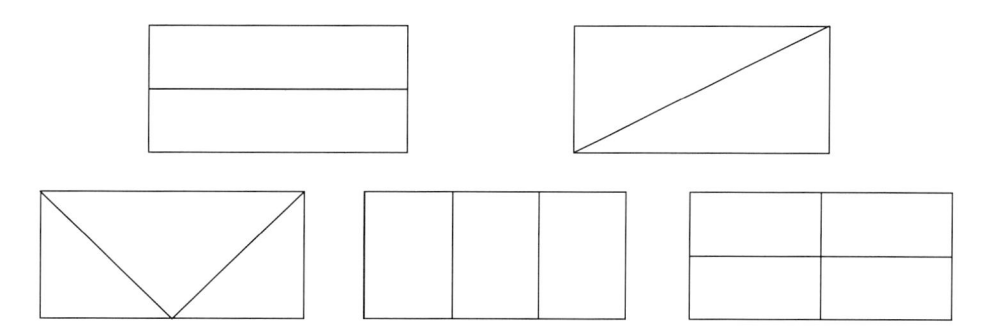

Nos diagramas com duas divisões, as peças podem ser arranjadas por tamanho, por espessura, por ter ou não pontas, etc. Nos diagramas com três divisões, as peças podem ser separadas pela cor e nos de quatro partes pela forma. As crianças podem sugerir outros critérios.

Uma outra forma de propor essa atividade é o professor desenhar no chão da sala com giz, fita crepe ou fita adesiva colorida um diagrama com diversas formas, representando uma casa ou um castelo como o que mostramos abaixo:

O professor diz que cada parte da casa tem um segredo e que a tarefa dos grupos é descobri-lo. Então, coloca em cada parte uma peça que sugira um critério de classificação. Feito isso, cada grupo escolhe uma parte e coloca a peça que considera adequada. Ao final, as crianças socializam suas descobertas e o professor conta a história da casa e o que pensou para fazer tal classificação.

Brincando com silhuetas

5 anos

Atividades com silhuetas enfocam a composição e a decomposição de figuras, dando à criança a oportunidade de investigar e predizer os resultados ao combinar e mudar formas, perceber a constância de forma e tamanho, desenvolver a memória e a discriminação visual.

Para essa atividade, é necessário preparar antecipadamente, em cartolina ou transparência, algumas silhuetas feitas com blocos lógicos do tamanho exato das peças que as crianças terão em mãos, como no exemplo a seguir:

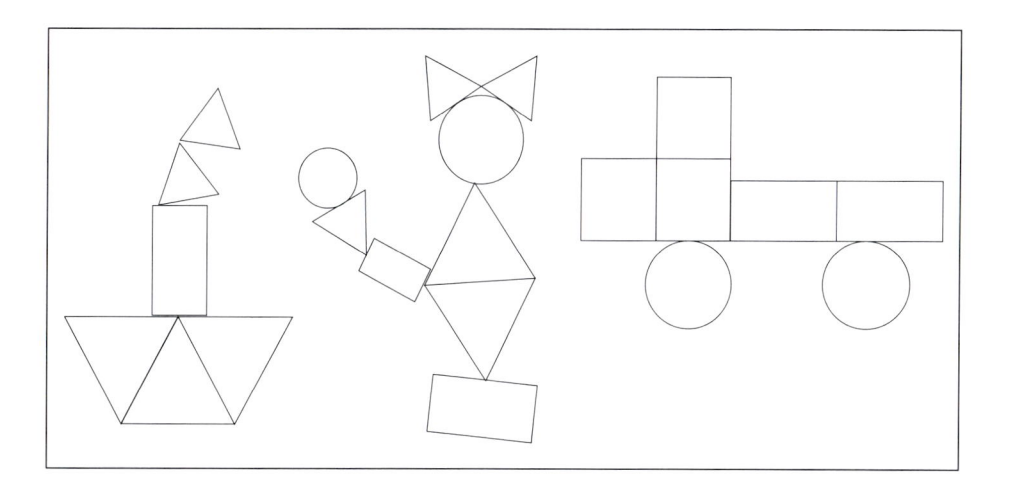

Inicialmente, as crianças recebem a silhueta e devem sobrepor as peças. Em outro momento, elas recebem silhuetas menores que nas peças e têm que montar com os blocos uma figura como aquela sem sobrepor as peças.

Após terem realizado algumas atividades como essas, as crianças em grupo recebem uma caixa de blocos lógicos e devem observar atentamente uma construção mostrada pelo professor por alguns minutos. A seguir, a silhueta é escondida e cada grupo deve tentar montar a figura mostrada. Depois de um tempo, a figura é mostrada novamente para que todos possam conferir o resultado.

Caso os grupos apresentem dificuldade para montar a figura, o professor pode inicialmente deixar que eles coloquem algumas peças olhando a imagem e outras com a imagem escondida.

É possível propor variações, como as crianças não receberem a caixa de blocos lógicos, mas receberem individualmente uma silhueta em branco e preto que elas pintarão com as mesmas cores apresentadas na silhueta quando mostrada pelo professor.

Uma outra variação é pedir às crianças que montem as figuras e desenhem os contornos. Depois, devem pintar como julgarem melhor e trocar com os amigos para um preencher a silhueta do outro. Também é possível pedir às crianças que montem e desenhem figuras utilizando só triângulos ou só quadrados.

Por fim, pode-se pedir aos alunos que separem entre as peças, por exemplo, um quadrado e dois triângulos que tenham a mesma espessura e tamanho, como um quadrado pequeno e fino e dois triângulos pequenos e finos. Feita a seleção, o professor solicita-lhes que formem todas as figuras que conseguirem usando as três peças. O passo seguinte é o desenho das figuras formadas e, ao término da atividade, o professor e a classe conversam sobre os resultados obtidos e organizam uma exposição do que fizeram.

Mural de formas

4 anos

Este recurso pode ser associado a vários materiais sugeridos neste livro e permite estabelecer relações entre a matemática e a arte, a língua materna e outros conhecimentos em estudo pelas crianças. O mural é uma atividade coletiva que exige planejamento e cooperação e que possibilita ao professor verificar como seus alunos organizam-se e desenvolvem a proposta de construção.

Para fazer o mural, as crianças devem receber, em duplas ou grupos de quatro, conjuntos de figuras geométricas – vários tipos de triângulos, quadrados, círculos, retângulos, paralelogramos, figuras ovais e outras formas familiares ou não. Essas figuras podem ser obtidas a partir de atividades nas quais as crianças decalquem e recortem as peças dos blocos lógicos ou do tangram, ou dobrem e cortem papel, ou decalquem objetos quaisquer como tampas de diferentes formas e tamanhos. Usando essas figuras, o professor pode juntamente com seus alunos, construir um dos murais sugeridos a seguir ou outro que sua classe deseje.

Os murais de formas têm como objetivo a identificação das formas, a composição e a decomposição de figuras, a localização espacial e a constância de forma e tamanho.

Mural a partir de um tema qualquer

A proposta é abordar um tema pelo qual as crianças estejam interessadas e propor que, a partir do que cada um sabe, confeccionem um mural:

No caso dessa turma, os alunos estavam envolvidos com a Festa Junina, e a proposta foi a criação de um mural que a representasse.

Mural a partir de um texto

A proposta é ilustrar um pequeno texto ou poema de interesse das crianças. O texto será ilustrado em forma de painel em que o grupo decide o que quer ilustrar: uma cena ou todo o texto, os personagens, a parte de que mais gostaram. Como se pode observar, esta é uma atividade basicamente de criação e construção na qual o imaginário das crianças é valorizado.

Montar um texto a partir do mural

As crianças podem montar um mural livremente. Ao final, deverão escrever um pequeno texto sobre ele em forma de parlenda ou poema, como o mostrado a seguir:

OS PEIXES DE OURO

ERA UMA VEZ UMA PEXIE QUE VIVIÃO FELIZES.
EUM BARCO IA NAVEGANDO E FICOU ESCURO.
O CAPITÃO GANCHO NÃO ENXERGAVA NADA E BATEU NA PEDRA E AFUNDOU
CAPA PEIXE FOI PARA SUA CASA.
A PEDRA TAMPOU A CASA DE UM PEIXE
A TARTARUGA TIROU A PEDRA E VIVERAO FELIZES

EDUARDO - Bruna - Bruna G. - Henrique - Mariana - CAIQUE

ERA UMA VEZ UNS PEIXES QUE VIVIAM FELIZES.
UM BARCO IA NAVEGANDO E FICOU ESCURO. O CAPITÃO GANCHO NÃO ENXERGAVA NADA E BATEU NA PAREDE E AFUNDOU.
CADA PEIXE FOI PARA SUA CASA. UMA PEDRA TAMPOU A CASA DE UM PEIXE. A TARTARUGA TIROU A PEDRA E VIVERAM FELIZES.

EDUARDO, BRUNA, BRUNA G, HENRIQUE, MARIANA, CAIQUE

Dobraduras

O trabalho com dobraduras nas aulas de matemática é muito importante, pois auxilia as crianças a desenvolverem a concentração, a atenção, a coordenação visuomotora e proporciona a aquisição de habilidades espaciais e geométricas, como memória e discriminação visual, percepção de igual e diferente, composição e decomposição de figuras, constância de forma e tamanho. Além disso, propicia ao aluno identificar e construir formas e perceber propriedades das figuras.

Inicialmente, o professor não propõe atividades de dobradura especificamente, mas outras que envolvam a exploração do papel e a invenção de dobras. Acreditamos que essas atividades são importantes, entre outros motivos, porque levam a criança a ter um primeiro contato com o papel, o que diminui a euforia diante do material novo, ajudam a trabalhar a importância de estar com as mãos limpas toda vez que se for brincar de dobradura e orientam o professor sobre as hipóteses que as crianças têm sobre dobradura, seus interesses e dúvidas sobre elas.

Explorando o papel

4 anos

Consideramos ser importante que o professor garanta os primeiros contatos da criança com o papel sem exigir dela uma dobra em específico a fim de deixá-la explorar livremente e muitas vezes o papel. Para tanto, sugerimos que as crianças possam:

- amassar e alisar o papel;
- rasgar o papel;
- fazer uma bola para chutá-la, arremessá-la, etc.

É preciso que o professor oriente seus alunos quanto à necessidade de estarem com as mãos limpas na hora de brincar de dobradura. Para isso, existem atividades que, além de trabalhar a importância da higiene, desenvolvem a noção do esquema corporal, bem como a discriminação visual e auditiva. Além disso, favorecem a comunicação verbal, na medida em que solicitam a participação de todos.[4]

Inventado dobras

4 anos

Assim que as crianças estiverem familiarizadas com o papel, o professor começa a propor atividades dirigidas. Contudo, isso não significa que as atividades de exploração devam ser abandonadas.

Inventar dobras é algo que as crianças gostam muito de fazer e que pode ser proposto de diferentes formas. Uma delas é o professor tocar ou cantar uma música

---

[4] Uma sequência sobre este trabalho pode ser encontrada em Aschenbach, L. et al. *A arte-magia das dobraduras: histórias e atividades pedagógicas com origami*. São Paulo: Scipione, 1990.

que seja significativa para sua classe e pedir aos alunos que façam dobras que representem aquilo que estão imaginando ou sentindo.

Ao final, pode-se pedir às crianças que em uma roda contem o que sentiram e imaginaram. As falas das crianças podem ser usadas para a elaboração de um texto coletivo. O professor tira uma cópia para cada um e eles ilustram com as dobras que haviam feito.

O professor pode aproveitar para perguntar:

- Que forma tinha o papel antes de vocês começarem a dobra?
- Que novas formas apareceram com as dobras?
- Quem pode mostrar uma dobra na qual aparece um triângulo? E um retângulo?

Essas perguntas auxiliam os alunos a aprenderem sobre formas enquanto dobram o papel e exigem que eles comecem a perceber algumas características de cada uma delas. Isso ocorre, por exemplo, quando eles precisam decidir sobre qual é a dobra que mostra uma figura específica.

Transformando um quadrado em...

5 anos

Variar a forma do papel é um bom recurso para explorar habilidades e conceitos geométricos com os alunos da Educação Infantil. É possível propor desafios aos alunos, utilizando para isso papéis retangulares, circulares e até mesmo triangulares. Para cada figura-base, a proposta é a mesma: tentar conseguir outras figuras a partir daquela, com um determinado número de dobras. Comecemos pelo quadrado.

O professor entrega aos seus alunos uma folha de papel dobradura na forma de um quadrado e propõe:

- Vocês sabem que forma é essa?
- O que temos que fazer para conseguirmos um triângulo?
- Como podemos dobrar esta figura de modo a termos duas figuras iguais?

Ao fazer essas perguntas, o professor discute com os seus alunos as soluções que conseguiram. Provavelmente aparecerão as seguintes dobras:

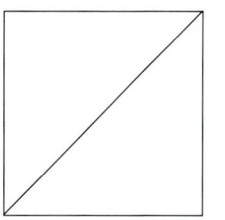

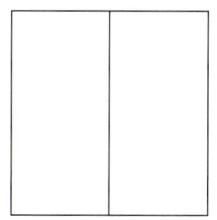

Caso não apareça a primeira solução, o professor pode conduzir seus questionamentos da seguinte forma:

- É possível conseguirmos dois triângulos iguais a partir desse quadrado?
- Que outras formas podemos obter?
- Há alguma outra maneira de dobrar para obter duas formas iguais?

Ao final, o professor entrega outro quadrado aos seus alunos e propõe que cada um escolha uma das dobras que foram discutidas para ser feita novamente. Depois, na parte de trás do papel, eles devem pintar com cores diferentes cada forma obtida, mesmo que seja repetida, e recortar na linha da dobra. O professor propõe que, usando as duas figuras obtidas, criem uma outra figura.

Usando os dois triângulos, algumas das figuras que as crianças podem criar são:

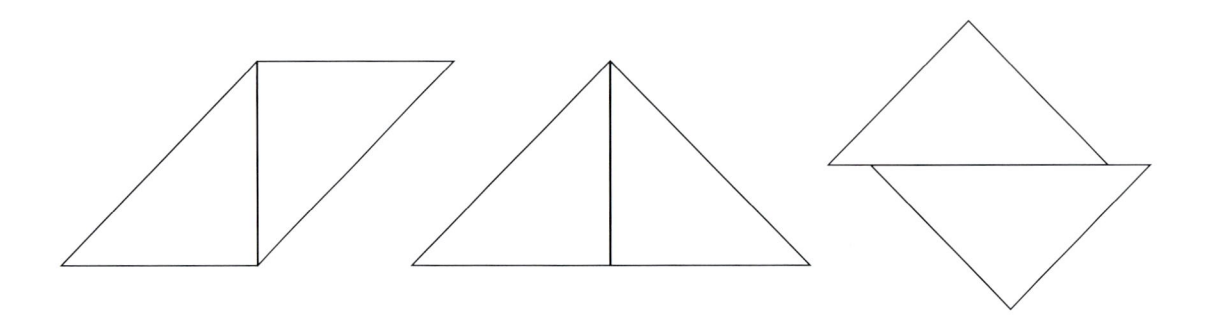

Usando os dois retângulos, obtemos as figuras abaixo e muitas outras:

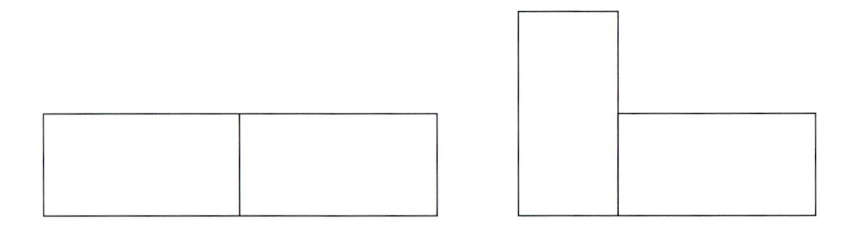

A mesma proposta poderá ser feita para dobrar o quadrado ou o retângulo em quatro partes iguais.

Essas atividades de dobradura auxiliam não apenas o desenvolvimento de noções geométricas, mas também o desenvolvimento da consciência sobre o uso das próprias mãos.

As questões não devem ser propostas todas de uma vez. O professor avalia a classe para então selecionar que tipos de dobras e de perguntas irá sugerir.

Transformando outras formas em...

5 anos

Em outros momentos, o professor pode propor a mesma dinâmica aplicada a outras formas, como retângulo, triângulo e paralelogramo, pois as crianças gostam de brincar de "adivinhar o que vai aparecer". Uma outra variação é o professor propor que, ao invés de reproduzirem uma dobra já discutida, inventem outra.

O círculo é uma outra forma que pode ser explorada com as crianças por meio da dobradura. Como exemplo mostramos duas dobraduras feitas a partir de círculos.

Dobre⁵ os círculos ao meio e cole-os com os lados redondos para dentro se encontrado.

Dobre o quadrado ao meio, formando um triângulo.

Dobre este triângulo ao meio, formando outro triângulo menor. Estará pronto o chapéu.

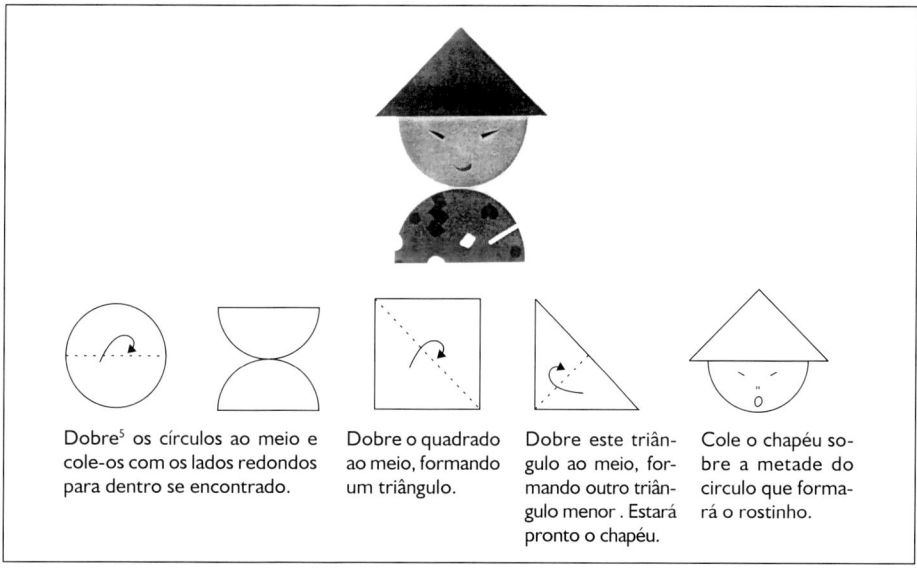

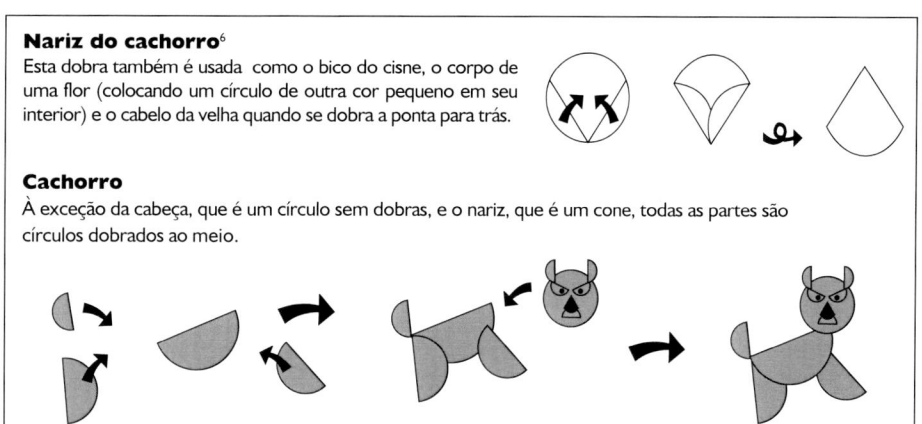

Cole o chapéu sobre a metade do círculo que formará o rostinho.

Nariz do cachorro⁶
Esta dobra também é usada como o bico do cisne, o corpo de uma flor (colocando um círculo de outra cor pequeno em seu interior) e o cabelo da velha quando se dobra a ponta para trás.

Cachorro
À exceção da cabeça, que é um círculo sem dobras, e o nariz, que é um cone, todas as partes são círculos dobrados ao meio.

Mesmo para o círculo é possível propor aos alunos que encontrem formas de dobrá-los em duas, quatro ou oito partes iguais. As partes obtidas podem ser utilizadas para organizar sequências como as ilustradas a seguir:

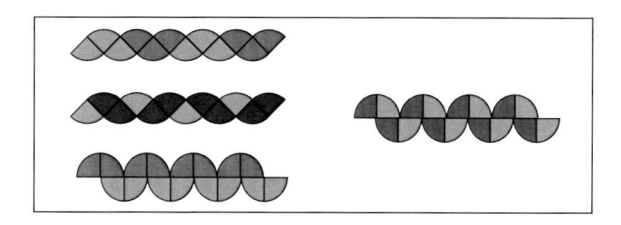

O interessante nessas atividades é que, aos poucos, os alunos possam riscar e recortar círculos que usarão nas atividades para que comecem a perceber que o círculo é redondo, não possui pontas nem lados retos.

---

⁵ Dobradura do chinês extraída de Nascimento, R.P. *Brincando com colagens, recortes e dobraduras.* São Paulo: Global Editora, 1996.

⁶ Dobradura do cachorro extraída de Martins, R. *O patinho feio.* São Paulo: Paulus, 1999.

Além dessas dobras mais livres, com vistas a decompor figuras planas, conhecê-las e identificar algumas de suas propriedades, as dobraduras que normalmente são realizadas com os alunos em aulas de artes ou como recreação também podem ser utilizadas para explorar conceitos de figuras e formas. Assim, quando as crianças já estiverem familiarizadas com o papel, o professor propõe atividades de dobradura como as que seguem.

Aprendendo algumas dobras

6 anos

As melhores dobras para iniciar esse trabalho são as mais simples, que envolvem poucos passos. Antes de continuarmos com as sugestões para essa atividade, gostaríamos de lembrar que no *origami* tradicional existe uma série de exigências para realizar a dobra. A principal delas é que não se utilize cola nem recorte na dobra, aspectos que consideramos importante discutir com os alunos.

Estas são dobraduras[7] simples que devem ser propostas inicialmente.

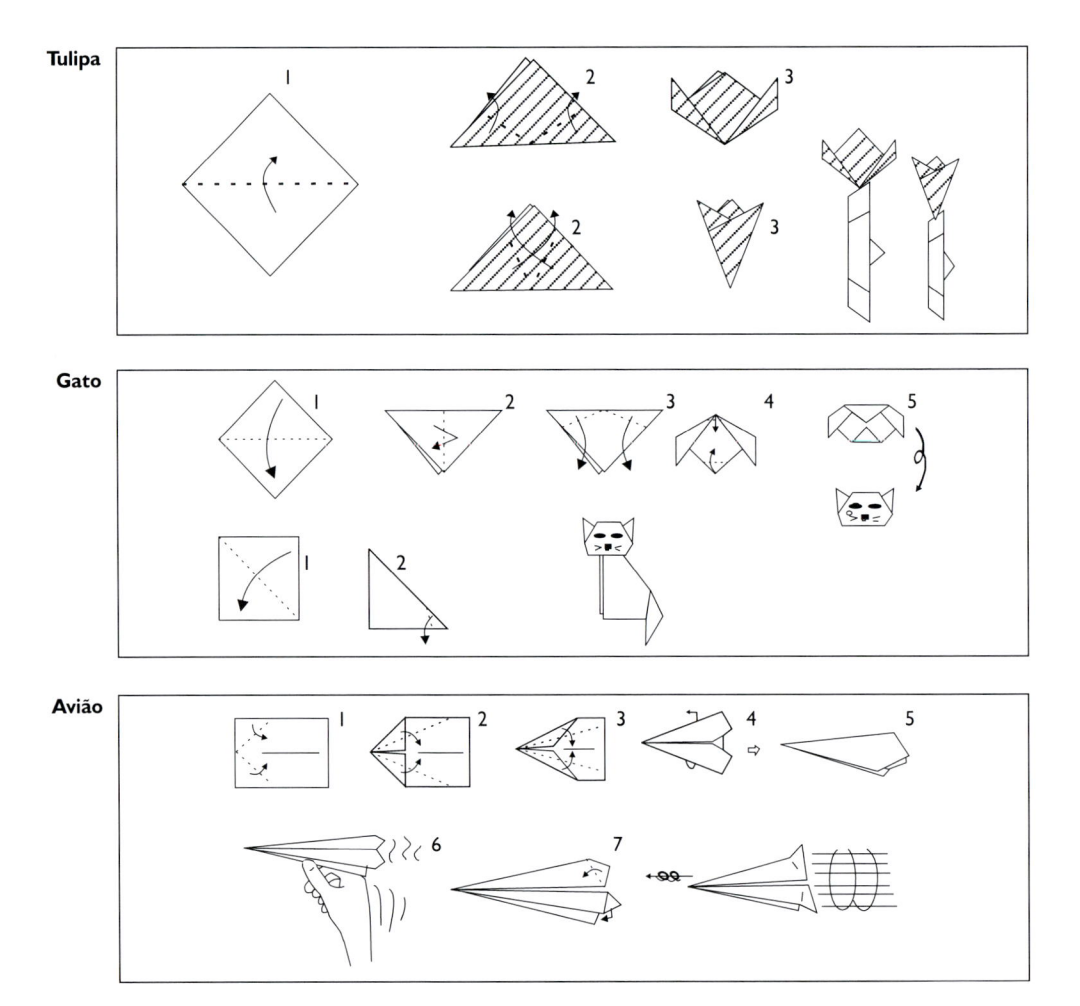

Tulipa

Gato

Avião

---

[7] Dobraduras extraídas de Aschenbach, M.H. et al. *As dobraduras de papelino.* São Paulo: Nobel, 1993.

A última dobradura é mais elaborada, porém costuma suscitar muito interesse entre as crianças, apresentando a vantagem de que muitas delas já conhecem alguns passos para realizá-la.

Para todas as dobraduras, é possível que o professor utilize um vocabulário geométrico enquanto dobra:

- Que forma tem esse papel?
- Agora que dobramos ao meio, que figura formamos?
- Agora vamos juntar vértice com vértice, ou seja, ponta com ponta para formar um triângulo.
- Dobrem encostando um lado do quadrado no outro.
- Para fazer o triângulo, vamos dobrar o quadrado ao meio pela diagonal.

Outros problemas podem ser propostos para trechos específicos da dobra. Tomemos como exemplo a dobradura do gato.

- Como eu faço para que essa ponta venha parar aqui?

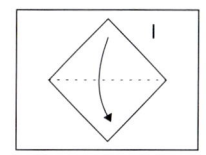

- Se eu encostar essa ponta nessa, que forma irá aparecer?

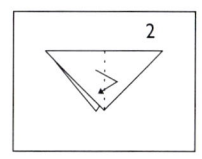

- Que formas temos agora? São todas do mesmo tamanho?

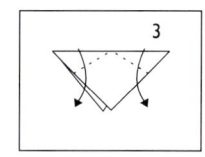

- Falta apenas uma dobra, qual será?

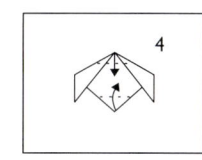

Ao propor atividades de dobradura, o professor pode pedir que as crianças, tendo o objeto nas mãos, cantem uma música sobre ele, contem uma história ou brinquem livremente.

Ilustrando com dobraduras

5 anos

À medida que o professor for ensinando diferentes dobras e dobraduras aos seus alunos, o repertório destes aumenta consideravelmente. Nesse sentido, assim como foi proposto um mural de formas com os blocos lógicos, é possível propor em alguns momentos que eles utilizem dobraduras já conhecidas, ou que eles queiram inventar, para montar um mural:

Mural elaborado a partir da história do livro *Ovo meu será seu?*, de Lêda Aristides, editora Scipicione, 1992.

Olhando os passos e montando a dobradura

6 anos

As crianças recebem uma folha, como as que são mostradas abaixo, com os passos de uma dobradura. Primeiro, elas precisam descobrir que formato de papel é necessário; depois, devem ler no desenho os passos para a dobradura e segui-los:

Uma variação dessa atividade pode ser obtida quando os alunos, em duplas, recebem duas dobraduras iguais e uma folha com a forma do papel que foi utilizada inicialmente. A seguir, o professor pede que descubram como fazer essa dobradura. Para isso, poderão desmanchar apenas uma das dobraduras e utilizar a folha para construí-la.

Ao final, os alunos devem ser incentivados a escrever um texto coletivo para contar a sequência das dobras.

Atividades Corporais e Figuras Planas

Atividades que combinam movimento e figuras são indicadas para auxiliar os alunos de Educação Infantil a desenvolver noção de espaço, habilidades de discriminação visual e localização espacial. Permitem ainda propor explorações que ajudam os alunos a identificar as figuras e suas propriedades.

Dança das figuras

3 anos

No chão, usando giz ou fita adesiva colorida, são feitas diversas figuras geométricas grandes:

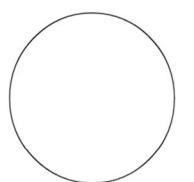

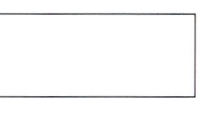

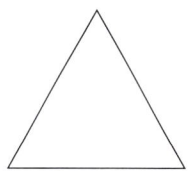

Explicamos às crianças que essa é uma brincadeira muito parecida com a dança das cadeiras, mas que nela é necessário tantas crianças quanto for o número de figuras desenhadas no chão.

Assim que a música começa a tocar, todas as crianças que estão participando da brincadeira começam a andar em volta de todas as figuras no ritmo da música:

Quando a música parar, cada criança entra em uma figura, não sobrando criança. Nesse momento o professor faz uma pergunta para cada criança, que deve dar a resposta de acordo com sua respectiva figura, por exemplo:

– Qual o nome dessa figura?

Se alguém errar, sai da brincadeira. A música volta a tocar, mesmo tendo um número de crianças menor que o número de figuras.

Quando a música parar, as crianças entram em uma figura que não tenham entrado ainda. O professor pode repetir o questionamento anterior ou, se considerar possível, modificá-lo:

– Quantos lados tem essa figura?
– Quantos cantos (vértices)?
– O que tem mais, vértices (cantos) ou lados?

A brincadeira termina quando sobrar apenas uma criança.

Para as crianças pequenas, sair da brincadeira gera muita frustração, o que pode ser contornado trocando a saída da criança pela retirada da figura em que ela estava. Por exemplo, se a criança estava dentro do quadrado e não soube dizer o nome da figura, o quadrado sai da brincadeira, isto é, ninguém mais pode entrar nele. Da próxima vez em que a música parar, as crianças têm de compartilhar com um ou mais colegas o espaço dentro de uma mesma figura.

À medida que as figuras forem excluídas, as crianças deverão ser mais solidárias e cooperativas para que muitas delas possam ocupar um mesmo espaço. Ao professor cabe registrar quais figuras oferecem maior dificuldade ou são menos conhecidas e trabalhar depois as suas características, usando outras atividades sugeridas ao longo deste livro.

Mostramos a seguir dois registros dessa atividade feitos por crianças de cinco anos em momentos diferentes, nos quais podemos observar a riqueza de informações contidas nos desenhos das crianças, como é o caso da percepção de formas e das relações entre as figuras e as pessoas dentro delas.

É possível observar nos registros que Isabela preocupou-se em mostrar um dos momentos da atividade, aquele em que a música pára e todos têm que entrar em alguma figura. Podemos notar que há duas crianças dentro do retângulo – provavelmente esse já é um momento em que alguma figura foi retirada e, então, dois participantes precisaram entrar na mesma figura. Através do seu desenho, é possível saber quantas crianças participaram da atividade e que havia uma professora muito próxima do que estava acontecendo. Essa aluna consegue demonstrar que percebeu uma diferença básica entre o retângulo e o quadrado, ou seja, o tamanho dos lados.

Os desenhos de Isabela e de outros alunos da mesma sala deram à professora a pista de que eles podem estar incluindo outras figuras (paralelogramo, diferentes retângulos e triângulos) nessa atividade, como observamos também no desenho de Rodrigo:

Como certas figuras eram desconhecidas para alguns alunos, Rodrigo preocupou-se em registrá-las em seu desenho. Observemos que há dois tipos de retângulos e de triângulos, fato que ele tenta mostrar. Porém, o que mais o desafiou foi desenhar o paralelogramo (figura no alto à direita), apesar de já saber que essa figura tem quatro lados e quatro pontas e que ela não é um quadrado ou um retângulo. No caso do Rodrigo, e provavelmente de outras crianças, a professora teve indícios de que precisava repetir essa e outras atividades com figuras planas, especialmente utilizando o paralelogramo.

Procurando formas

4 anos

A classe é organizada em grupos que devem andar pela escola para procurar locais onde uma ou mais formas apareçam. Ao localizá-la, devem parar e desenhar o objeto no qual a figura aparece e destacá-la de algum modo em seu desenho.

Inicialmente, se os alunos ainda têm dúvidas quanto às figuras, é preciso garantir que tenham o nome da figura associado à sua imagem. Nesse caso, antes de as crianças saírem à procura da figura, a professora entrega-lhes uma folha com a forma colada ou recortada, ou uma peça do bloco lógico ou tangram, por exemplo.

De volta à classe, todos mostram o que observaram e são encorajados a discutir sobre o que viram, a descrever onde localizaram uma determinada forma e a contar que pistas usaram para decidir se uma figura era ou não um retângulo, um quadrado, um círculo, etc.

Ao concluir a discussão, o professor organiza uma exposição dos desenhos e elabora com a classe uma lista dos objetos nos quais a forma foi encontrada:

NOME:_____

ONDE ENCONTRAMOS CÍRCULOS

ISADORA: NO PARQUINHO, NO GIRA-GIRA.
ANA PAULA: NA PARTE DE CIMA DO PARQUINHO E DO GIRA-GIRA.
WOLF: GIRA-GIRA, CARRO, FERRO...
MARINA: PARAFUSO, GIRA-GIRA, ESCORREGADOR.
MARCELLA: GIRA-GIRA.
ANA CAROLINA: NO CARRO, NO GIRA-GIRA.
VIVIAN: NO GIRA-GIRA.
BEATRIZ: NO PARQUINHO.
ÍTALO: NO GIRA-GIRA.
FERNANDA: GIRA-GIRA PEQUENO E GRANDE.
LUIZ: NOS CARROS, NO GIRA-GIRA GRANDE E PEQUENO E NO BALANÇO DE BAIXO.
GABRIELE: NO GIRA-GIRA E NO NEGÓCIO DE PÔR A MÃO E O PÉ.
CAMILA: NO GIRA-GIRA E NA GANGORRA DE BAIXO.
PATRIZIA: NO TRONCO DA ÁRVORE, NO GIRA-GIRA, NO TANQUE DE AREIA E NO BALANÇO.
MARIANA: NO GIRA-GIRA E NO BALANÇO QUE PÕE O PÉ E A MÃO.
THAIS: NO CHÃO, NA TERRA DA ÁRVORE, NO CARRO, NO GIRA-GIRA E NA FLOR.
GABRIELA: GIRA-GIRA, ÁRVORE, CARROS, BALANÇO QUE PÕE A MÃO E O PÉ, NO CHÃO E EMBAIXO DA ÁRVORE.
ANA LUISA: GIRA-GIRA, CARROS, BALANÇO QUE PÕE A MÃO E O BRAÇO, FLORES.
DANIELA: GIRA-GIRA.

TEXTO PRODUZIDO PELAS CRIANÇAS DO JARDIM III B NO DIA 15 DE FEVEREIRO DE 2000.

Ao propor que a criança procure objetos nos quais aparece o círculo, a professora faz com que ela comece a perceber que tipos de formas são compostas por círculos e para que ele serve em cada um dos objetos destacados. Como no caso do texto, é comum que eles digam que o gira-gira deve possuir a forma de um círculo para poder girar e que em toda árvore cortada podemos ver um círculo.

A lista é anexada ao desenho de cada um para guardar e consultar em outros momentos, como, por exemplo, para produzir um texto com o título "Se eu fosse um círculo...". Nesse texto, as crianças podem elaborar frases a partir da lista, imaginando o que fariam se fossem um círculo:

NOME: DANIELA 20/03/2000

SE EU FOSSE UM CÍRCULO...

IA GIRAR, ROLAR, SER UM GIRA-GIRA, UM CANO E UM PREGO.
BRINCARIA DE RODAR SENDO UM BAMBOLÊ.
SERIA UMA RODA GIGANTE OU O ZERO.
NÃO TERIA PONTAS E SERIA REDONDO.
NÃO SERIA UMA ESFERA PORQUE SOU ACHATADO.

TEXTO ELABORADO PELAS CRIANÇAS DO JARDIM III B, NO DIA 17 DE FEVEREIRO DE 2000.

Textos como este auxiliam o professor na avaliação sobre o que os seus alunos já sabem a respeito da forma e sobre o nível geral em que a classe está.

Após as crianças terem realizado essa atividade para diferentes figuras, o professor propõe que elas saiam para procurar uma outra figura qualquer, sem ter a imagem para consultar. Os procedimentos seguintes ao retornar à sala são os mesmos mencionados anteriormente. Com o tempo, o professor propõe às crianças que procurem ao mesmo tempo diferentes formas geométricas conhecidas.

Uma outra variação é propor-lhes que procurem em jornais ou em revistas objetos nos quais apareçam formas geométricas e que os recortem. Nessa variação, a quantidade de objetos encontrados é muito maior, o que dá ao professor a oportunidade de confeccionar, juntamente com seus alunos, painéis, textos e móbiles.

Corra para a figura

4 anos

São desenhadas no chão, com giz colorido, diversas figuras geométricas em tamanho grande: triângulo, quadrado, retângulo e círculo. As figuras devem ser embaralhadas, evitando-se colocar próximas figuras que tenham o mesmo nome:

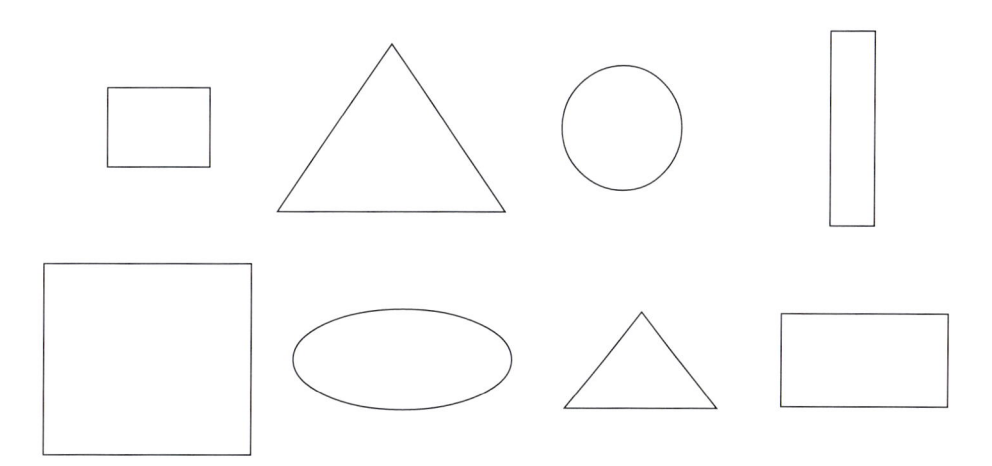

Os alunos ficam em um local previamente combinado, que podemos chamar de partida. Quando o professor der o comando "Corram para o quadrado!", todos devem correr para tentar entrar nele. O aluno que entrar na figura errada sai da brincadeira.

Após conferir o posicionamento dos alunos, o professor pede àqueles que acertaram que voltem ao local combinado e, então, dá outro comando "Corram para o círculo!". O mesmo procedimento é repetido para as outras figuras.

Esta é uma atividade para ser repetida muitas vezes. À medida que o professor for percebendo que as figuras desenhadas são bem conhecidas dos seus alunos, acrescenta outras, como diferentes tipos de triângulos, paralelogramo e trapézio. Dessa maneira, os alunos não apenas ampliam o repertório de figuras que conhecem, como também começam a identificar as propriedades relativas a lados e número de vértices dos polígonos.

Esse procedimento possibilita ainda que os alunos percebam, por exemplo, que triângulo não é somente o equilátero, mas qualquer figura plana com exatamente três vértices e três lados retos.

Figuras como o paralelogramo podem não ser conhecidas das crianças. Nesse momento, cabe ao professor apresentar a figura, perguntar se ela é conhecida das crianças, o que ela lembra, etc. Muitas crianças podem dizer que o paralelogramo é um "retângulo amassado"; então, é interessante perguntar por que elas responderam isso. Aos poucos, a denominação correta de cada figura vai sendo utilizada pelas crianças, desde que o professor tenha o cuidado de sempre utilizá-la.

Ao perceber que as crianças conhecem as figuras, o professor pode usar outros comandos, enfocando cada vez mais as propriedades das figuras com as quais estiver trabalhando. Por exemplo:

- Corram para uma figura de três lados!
- Corram para uma figura de quatro lados!
- Corram para uma figura sem pontas!

Ao concluir a atividade, as crianças fazem um registro em forma de desenho, que pode ser individual ou coletivo, com todos desenhando sobre uma mesma folha de papel:

No início, esses registros causam conflitos entre as crianças, que estão acostumadas a desenhar em um papel que é só seu, usando o espaço que desejarem. Aqui terão de discutir em grupo o que será desenhado, quem ficará responsável por cada parte, etc.

O desenho em grupo permite ainda que os alunos falem uns com os outros sobre as figuras e suas características, o que muitas vezes aparece no desenho final, como pode ser visto no registro anterior, no qual os alunos destacam os ângulos que perceberam nas figuras.

Andando sobre figuras

4 anos

Nesta atividade, o corpo é utilizado como elemento para a criança perceber na figura plana propriedades relativas a lados e ângulos, bem como para abordar noções de posição e sentido.

Os registros que seguem foram feitos por crianças que realizaram essa atividade. Observemos os desenhos e tentemos descobrir como é a proposta.

Que informações podemos obter através desses dois registros? Como a classe organizou-se? Por que a atividade recebe esse nome?

Após constatarmos como os registros das crianças são instrumentos ricos de informações sobre suas percepções, podemos detalhar mais sobre a organização da atividade.

Com fita adesiva colorida, são construídas ou desenhadas no chão duas figuras grandes:[8] no caso triângulo e retângulo. Discute-se com os alunos os nomes das figuras:

- Quem sabe o nome dessas figuras?
- Como vocês sabem que é um triângulo?
- Por que essa figura (retângulo) não pode ser chamada de quadrado?

Tais questionamentos só podem ser feitos se o grupo de crianças já conhecer essas figuras. Caso isso não aconteça, é preciso pensar em outras atividades antes desta.

As crianças são convidadas para andar em dupla sobre os lados da figura desenhada no chão.

Durante a realização da atividade, perguntamos:

- Quantos passos você deu em cada lado quando andou sobre o triângulo?
- Quantos (vértices) cantos você encontrou?

---

[8] No caso de alunos de três anos, sugerimos que inicialmente seja desenhada apenas uma figura.

- O que acontece quando andamos no círculo?
- O que acontece quando andamos sobre o triângulo?
- E quando andamos sobre o círculo? É a mesma coisa?
- O que eles têm de parecido? E de diferente?

Outro aspecto a ser ressaltado durante a atividade é que, quando mudam de direção ao final de um lado, giram em um canto (ângulo) e então passam a andar ao longo de um novo lado. Isto pode ser feito através de questionamentos como:

- O que você deve fazer quando chega em um vértice (canto)? Por quê?
- Você virou? Deu um giro?
- E depois o que fez?

No momento dos questionamentos, o professor varia a linguagem quando estiver falando sobre o giro – ora diz canto, ora diz ângulo – até que em certo momento use apenas a terminologia ângulo.

O mesmo pode ser feito para todas as figuras. Essa atividade deve ser repetida em outros momentos usando retângulo, quadrado, paralelogramo ou outras figuras de tamanhos variados. O professor também pode pedir que os alunos andem fora da figura, sobre a figura e dentro de figura. Há ainda a possibilidade de modificar a forma de andar sobre a figura, pedindo ao aluno que pule ou corra.

Ao final, o professor propõe às crianças a elaboração de um texto ou desenho destacando as semelhanças e as diferenças encontradas entre as figuras e o que descobriram, semelhantes aos registros mostrados anteriormente no início desta atividade.

Como podemos observar, além da organização do esquema corporal e da orientação espacial, essa proposta permite o desenvolvimento de algumas propriedades geométricas de figuras como o quadrado, o triângulo, o círculo e o retângulo, especialmente quando incentivamos as crianças a buscarem semelhanças e diferenças entre as figuras, o que enfatiza a existência e a contagem de lados e vértices, além de começar a enfatizar a ângulo do polígono e a noção de ângulo como mudança de direção.

Depois que as crianças já estiverem familiarizadas com a atividade, o professor pode andar e pedir a uma criança que faça os questionamentos. Uma outra variação é o professor andar de olhos vendados sobre a figura, enquanto as crianças dão os comandos.

Construindo formas com o corpo

4 anos

Todas as crianças reunidas recebem o comando do professor, que pode ser:

- Formem um triângulo! [ou]
- Formem um quadrado!

Outras figuras também podem ser pedidas.

Os alunos devem organizar-se de modo que formem grupos com uma quantidade adequada de participantes para criar a figura pedida, como mostra o desenho feito por crianças de cinco anos para essa atividade:

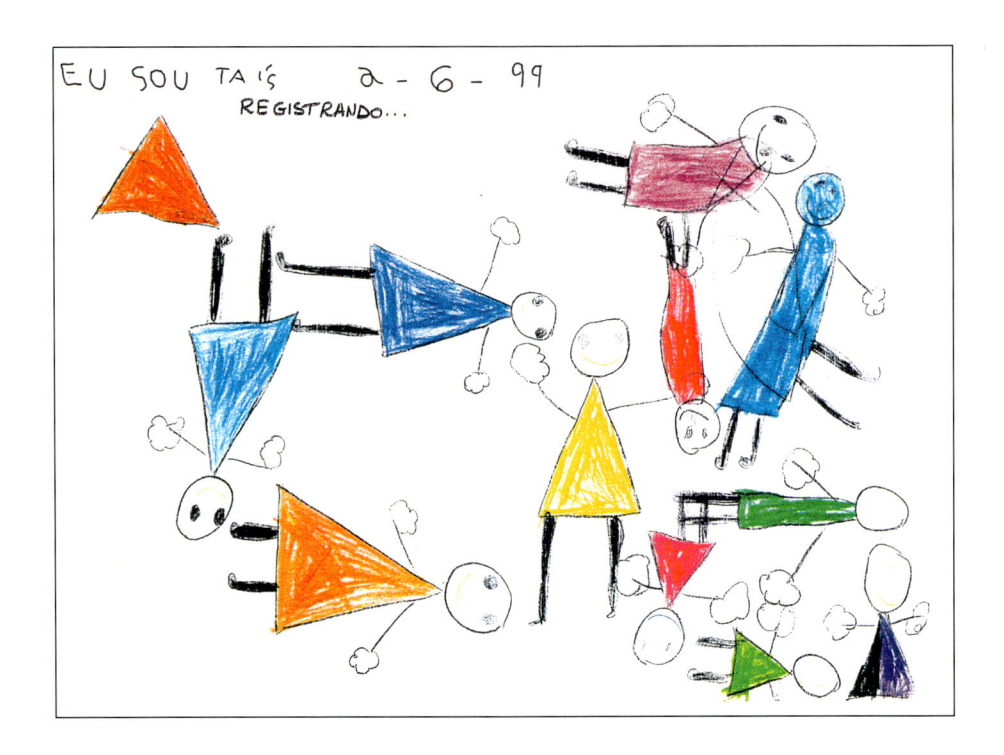

Ao olharmos esse desenho, temos informações sobre as figuras que foram formadas pelas crianças: quadrado e triângulo. No momento em que elas têm de montar o quadrado, é muito comum a preocupação em garantir que o número de crianças em cada lado seja o mesmo – *porque senão vai parecer um retângulo,* elas dizem.

Quando as crianças já estiverem mais familiarizadas com o nome das figuras, o professor pode dar outros comandos:

- Formem uma figura de quatro lados que não seja o quadrado!
- Formem uma figura que não tenha pontas!

Essa atividade não é feita logo no começo, porque as crianças precisam ter conhecimento das propriedades das figuras. É natural que elas, já sabendo que os lados do quadrado, por exemplo, têm todos a mesma medida, comecem a medir os lados da figura que está sendo formada para verificar se está correto. Podem fazer isso através de passos ou da comparação das alturas de quem vai estar no lado do quadrado.

Formando figuras com elástico

5 anos

O professor precisa inicialmente preparar alguns elásticos de mais ou menos três metros de comprimento, com as duas pontas amarradas.

Todas as crianças reunidas recebem o comando do professor, que pode ser:

- Formem um triângulo!

Os alunos devem organizar-se de modo que formem grupos com uma quantidade adequada de participantes para criar a figura pedida e, então, constroem a figura com um elástico, como mostram as fotos a seguir:

O professor pode repetir a atividade com outros comandos:

- Formem uma figura com quatro pontas (vértices).
- Formem um retângulo.
- Formem um paralelogramo.

Assim como a maioria das atividades aqui propostas, essa não é uma atividade que deva ser feita apenas uma vez, pois as crianças, inicialmente, costumam ter dificuldades para se organizar. Temos percebido que, à medida que a atividade vai sendo proposta com frequência, os alunos criam critérios para se organizar: formam grupos pelo número de vértices da figura, abaixam o elástico para conferir se a figura está correta, preveem como é a figura e como o grupo deve ficar disposto.

Acerte o alvo

6 anos

Nesta atividade, serão trabalhados o desenvolvimento do esquema corporal e o reconhecimento de figuras. As crianças deverão coordenar o movimento do corpo e a força ao lançar a bolinha, perceber a direção e o sentido no qual devem lançar a bola, o seu posicionamento, e saber que figura está sendo solicitada.

O professor desenha em uma cartolina ou papel manilha um painel que ficará fixado em algum lugar da sala ou do pátio:

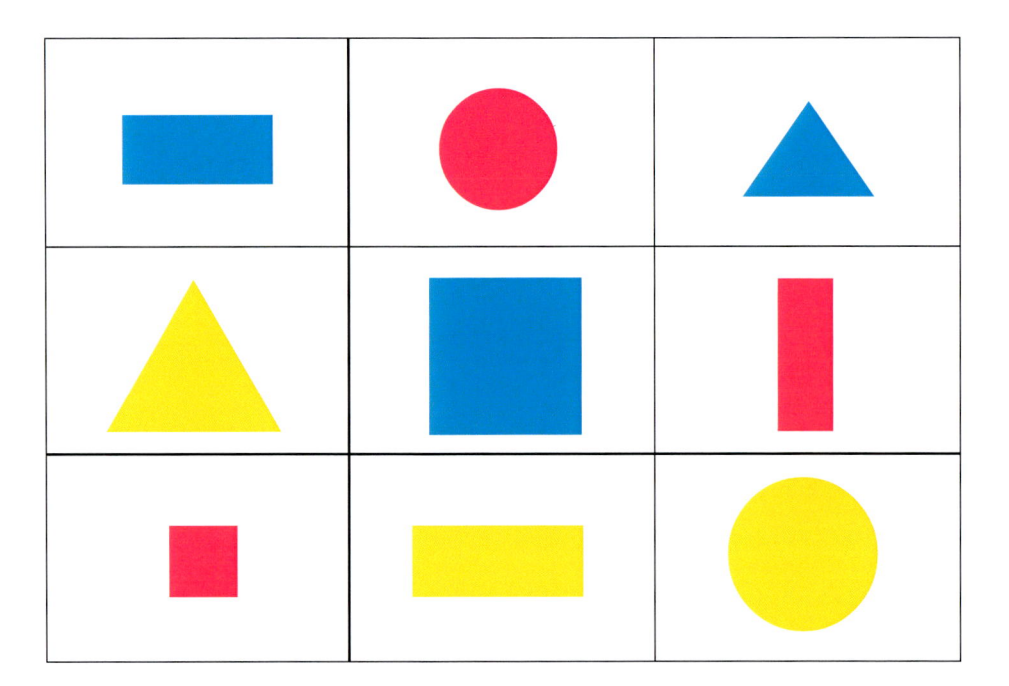

Cada criança, na sua vez, recebe uma bola feita de meia. Ao comando dado pelo professor, por exemplo, "Acerte o triângulo!" a criança lança a bola tentando acertar. Se isso acontecer, tem o direito de continuar; então, o professor dá outro comando, como "Acerte o quadrado!", e a criança continua até errar, quando dará a vez a outro colega.

À medida que os comandos relacionados às formas das figuras não apresentem mais dificuldades aos alunos, o professor pode pedir às crianças que acertem o alvo com duas características relacionadas a formas e cores. Por exemplo, "Acerte o quadrado azul!".

Depois, ele pode introduzir comandos envolvendo três atributos, como formas, cores e tamanhos distintos. Nesse caso, o comando do professor deverá ser do tipo: "Acerte um círculo, pequeno, vermelho!".

Com o tempo, o professor organiza a sala em vários grupos, com um líder (criança que dará os comandos) e um cartaz em cada um, e circula pelos grupos para ver como a atividade está desenvolvendo-se, quem está conseguindo respeitar as regras do jogo e se há alguma interferência a ser feita.

Quebra-Cabeças

As crianças de modo geral sentem fascínio por quebra-cabeças. São atraídas pela beleza das cores, pela variedade das peças, pelo desafio de conseguir montar o que o quebra-cabeças propõe e pela dinâmica inerente à manipulação das peças.[9] Só a curiosidade natural dos alunos por esse tipo de material já justificaria o uso de quebra-cabeças nas aulas de matemática; no entanto, eles também são importantes por permitirem o desenvolvimento de habilidades espaciais e geométricas como: a visualização e o reconhecimento de figuras, a análise de suas características, a observação de movimentos que mantêm essas características, a composição e a decomposição de figuras, a percepção da posição, as distâncias, o enriquecimento do vocabulário geométrico e a organização do espaço através da movimentação das peças.

Basicamente, o fundamento dos quebra-cabeças é construir um desenho a partir de uma coleção de peças menores. Enquanto tenta montar a figura procurada, a criança descobre relações entre as partes e o todo, entre as medidas dos lados das partes; percebe que as características de uma figura permanecem inalteradas por mais que se mude sua posição; aprende que, para resolver o problema de montar a figura toda, muitas vezes precisa tentar vários caminhos até encontrar um que sirva, o que pode desenvolver a perseverança, a habilidade de análise, a capacidade de buscar processos

---

[9] Sobre quebra-cabeças, ver Kaleff, A.M. et al. *Quebra-cabeças geométricos e formas planas.* 2. ed. Rio de Janeiro: EDUFF, 1997.

cada vez mais reflexivos de resolução de problemas. Além disso, noções como lado, vértice, meio, centro, bem como o nome das diversas formas que compõem as peças, surgem naturalmente na montagem de quebra-cabeças geométricos.

Os quebra-cabeças podem diferir quanto ao número de peças, quanto às relações entre as peças ou quanto ao formato da figura-base. Para trabalhar com quebra-cabeças, o professor pode iniciar com aqueles que são vendidos como brinquedos. Para os alunos menores de três e quatro anos, é interessante que no início os quebra-cabeças tenham poucas peças, as quais vão aumentando conforme as crianças adquirem facilidade em sua montagem. O professor também pode criar quebra-cabeças especialmente para desenvolver habilidades geométricas em seus alunos, como os que mostramos a seguir.

Conhecendo diferentes quebra-cabeças

5 anos

Ao iniciar um trabalho com quebra-cabeças nas aulas de matemática, o professor pode fazer uma exploração inicial, pedindo aos alunos que tragam quebra-cabeças que tenham em casa para que todos possam conhecer e montar:

Ainda nessa fase de exploração livre, é possível pedir-lhes que discutam por que esse tipo de brinquedo tem o nome de quebra-cabeças. Eles podem falar o que pensam, conversar com os pais e depois pesquisar sobre o assunto. É possível organizar as informações em um painel e produzir um texto coletivo sobre o que descobrirem:

QUEBRA-CABEÇAS

QUEBRA-CABEÇAS SÃO FORMADOS POR UMA PORÇÃO DE PECINHAS.

PARA MONTAR UM QUEBRA-CABEÇAS TEMOS QUE USAR A CABEÇA, PENSANDO MUITO E USANDO A INTELIGÊNCIA.

NÓS TEMOS QUE JUNTAR TODAS AS PEÇAS PARA FORMAR UMA FIGURA.

NÓS ACHAMOS DIVERTIDO TRABALHAR COM QUEBRA-CABEÇA PORQUE NO COMEÇO COLOCAMOS POUCAS PECINHAS E DEPOIS MUITAS ATÉ ACABAR.

SÓ FICAMOS CHATEADOS QUANDO CHEGAMOS AO FINAL E VEMOS QUE TEM UMA PEÇA PERDIDA.

TEXTO COLETIVO DA ALFA I

Quebra-cabeças quadrados[10]

Uma das formas de propor atividades com quebra-cabeças consiste em fazer quadrados em cartolina colorida, recortá-los de modos diferentes, colocá-los em envelopes e dar para os alunos que, em duplas ou individualmente, tentem montar novamente a figura original.

Para alunos que iniciam esse trabalho, é interessante que seja dado o quadrado como base, por vezes até mesmo com o contorno das peças. A tarefa dos alunos é identificar onde será colocada cada parte do quebra-cabeças. Outro cuidado com esse tipo de material diz respeito ao tamanho do quadrado, que não pode ser muito pequeno; o ideal é que o tamanho dos lados fique entre 10 e 15 centímetros.[11]

Veja abaixo alguns recortes possíveis de serem feitos no quadrado para montar quebra-cabeças:

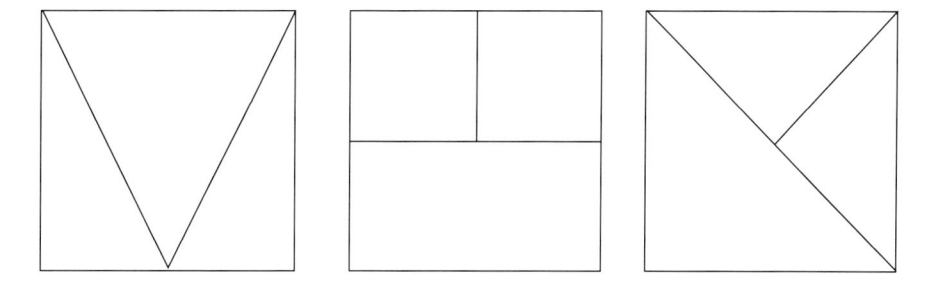

Você encaixa todas?

– Recortando o quadrado abaixo, como conseguir cada uma das outras figuras?

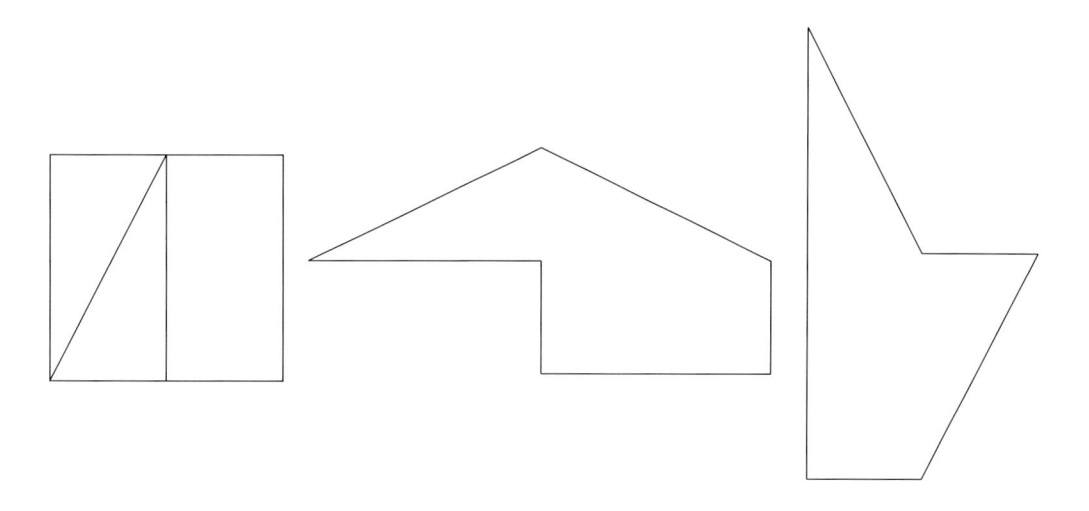

---

[10] Estas atividades foram baseadas em Dana, M. Geometria: um enriquecimento para a escola elementar. Lindquist, M.M. e Shulte, A.P. (Orgs.). In: *Aprendendo e ensinando geometria*. São Paulo: Atual, 1994. p. 141-155.

[11] Sugerimos que estas atividades sejam feitas após os alunos realizarem as primeiras propostas de dobradura.

Este é um outro modo de explorar os quebra-cabeças, ou seja, a partir do recorte de um quadrado, formar outras figuras com as peças obtidas. É importante que seja usado um quadrado que as crianças possam manusear facilmente e que, ao menos no início, as figuras possam ser preenchidas pelas peças do quadrado.

Conforme os alunos adquiram maior facilidade com o quebra-cabeças, o professor propõe outras variações, como modificar o corte no quadrado.

Também é interessante desafiar os alunos a criarem suas próprias figuras com as peças do quebra-cabeças, podendo inclusive utilizar mais do que um conjunto de peças e montar painéis com as construções que eles realizarem, conforme já sugerimos para o mural de formas. Mostramos a seguir dois painéis realizados com crianças de cinco anos enquanto exploravam os quebra-cabeças:

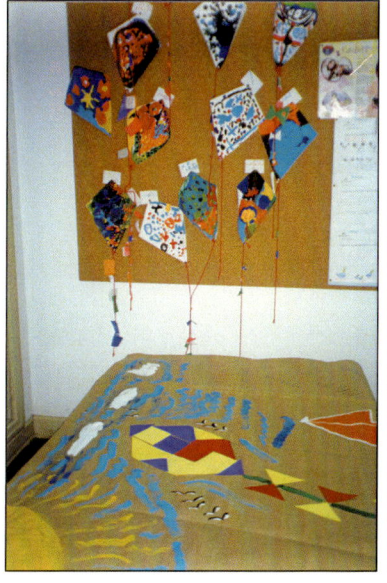

Podemos observar que, no primeiro painel, houve a preocupação de combinar formas e cores para construir uma pipa. No segundo painel, os alunos construíram uma nave espacial e em ambos usaram pintura para criar o cenário que complementava sua construção.

Variações dessa atividade podem ser obtidas se o professor der a figura a ser montada menor do que as peças do quadrado, desafiar os alunos a criarem outros recortes no quadrado ou mesmo propor quebra-cabeças a partir de outras figuras geométricas:

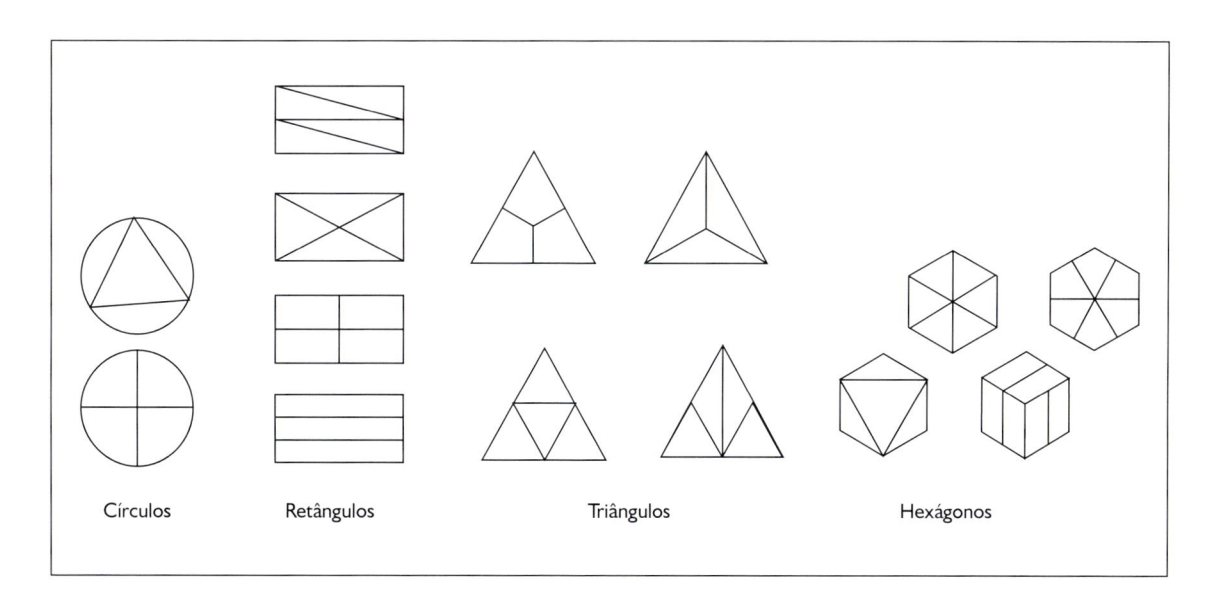

Círculos   Retângulos   Triângulos   Hexágonos

Conhecendo as partes do quebra-cabeças

5 anos

Um dos motivos pelos quais propomos a utilização de quebra-cabeças geométricos nas aulas de matemática da Educação Infantil é que eles possibilitam a ampliação dos tipos de figuras que os alunos identificam nessa etapa escolar, evitando que o conhecimento de figuras planas fique restrito a quadrados, retângulos e triângulos equiláteros. Por isso, quando desafia os alunos a explorarem um quebra-cabeças, o professor pode propor que organizem um cartaz no qual apareça cada uma das peças, seu nome geométrico e algumas de suas características, como nome, número de lados e número de vértices.

Posteriormente, à medida utilizar outros quebra-cabeças, o professor pode conversar com a classe sobre novas organizações para esse tipo de cartaz, por exemplo, fazendo um quadro com todos os tipos de triângulos e retângulos que conheceram através dos quebra-cabeças ou organizando as peças conforme o número de lados.

Quebra-cabeça tradicionais

5 anos

Entre os quebra-cabeças geométricos que podemos explorar com os alunos há, alguns que são considerados clássicos, seja por serem antigos, seja por fazerem parte do conhecimento cotidiano das crianças e mesmo do ambiente escolar. Para o trabalho com Educação Infantil, propomos o uso de dois desses quebra-cabeças: o *Meli-melô*, brinquedo criado por Mitsumasa Anno, cujo nome significa confusão, bagunça, mistura de objetos diferentes, e o *Tangram,* quebra-cabeças chinês de origem milenar.

Meli-melô

O meli-melô foi criado originalmente como um brinquedo e é composto por cinco peças, conforme mostra a figura abaixo:

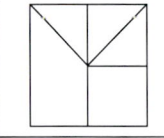

[figura]	3 triângulos retângulos isósceles (dois lados de mesma medida e um ângulo reto)
	1 quadrado
	1 trapézio retângulo (quadrilátero com um par de lados paralelos e um ângulo reto)

Cada criança recebe um conjunto do quebra-cabeças feito em cartolina colorida. Após um período em que exploram livremente as peças, o professor pode propor duas atividades básicas: recobrir figuras e inventar figuras. As regras são simples: utilizar sempre as cinco peças e não sobrepor uma peça à outra. Veja alguns modelos de silhuetas que podem ser propostos para as crianças recobrirem:

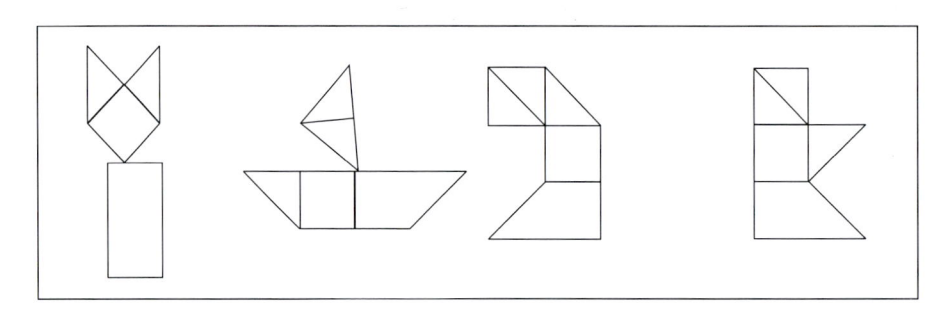

Inicialmente, o professor deve cuidar para que as silhuetas tenham contornos e para que sejam do mesmo tamanho do quebra-cabeças original a fim de que as peças sejam simplesmente colocadas sobre o modelo. Posteriormente, as silhuetas podem ser em tamanho menor para que as crianças reproduzam-nas com suas peças.

Jogo dos comprimentos

Os alunos são organizados em grupos de quatro, sendo que a cada criança é dado um meli-melô. Todos os quebra-cabeças são do mesmo tamanho, mas é interessante que tenham cores diferentes para que as crianças identifiquem as peças que estiverem utilizando.

Os alunos decidem quem é o primeiro a jogar e em que sentido o jogo vai seguir. O primeiro jogador escolhe uma de suas peças e coloca sobre o centro da mesa; o jogador seguinte deve colocar uma de suas peças de tal modo que um dos lados seja encostado a um lado de mesmo comprimento da peça já colocada. E o jogo segue assim até que alguém consiga colocar todas as suas peças e seja o vencedor. Se um jogador não consegue colocar uma peça, ele passa a vez.

O jogo dos comprimentos auxilia os alunos a perceber as relações de medidas existentes entre os lados das peças. É interessante que, após o jogo ser realizado algumas vezes, o professor desafie-os a separar peças que tenham um lado de mesmo tamanho, dois lados de mesmo tamanho, etc.

Também podem ser propostos problemas como:

– É possível recobrir o quadrado com outras peças do meli-melô?

– Como usar peças do meli-melô para montar o trapézio?

– Usando peças do meli-melô, como conseguir montar um retângulo?

Tangram

Os quebra-cabeças são materiais que despertam muita curiosidade e envolvimento e o tangram é um deles. O tangram convencional é formado por sete peças ou figuras geométricas: cinco triângulos, um quadrado e um paralelogramo.

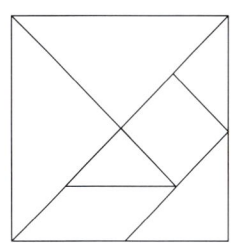

O nome tangram tem origem desconhecida, mas "uma hipótese é que essa palavra seja a junção das palavras Tang, nome de uma das grandes dinastias chinesas, com o sufixo grego gram, que significa escrita" ou desenho (van Delft e Botermans, 1978, p.13).

Não se sabe quando o tangram foi inventado, muitas são as histórias sobre como e onde ele teria se originado. Certamente, o tangram é anterior a 1813, quando encontramos um primeiro registro escrito a respeito dele em um livro chinês que contém cerca de 300 figuras construídas com as sete peças.

No início do século XIX, ele se tornou uma febre na Europa e na América, a novidade era jogar com esse quebra-cabeça chinês.

O quebra-cabeça consiste em montar figuras usando as sete peças sem sobrepô-las, mas de modo que uma peça toque outra.

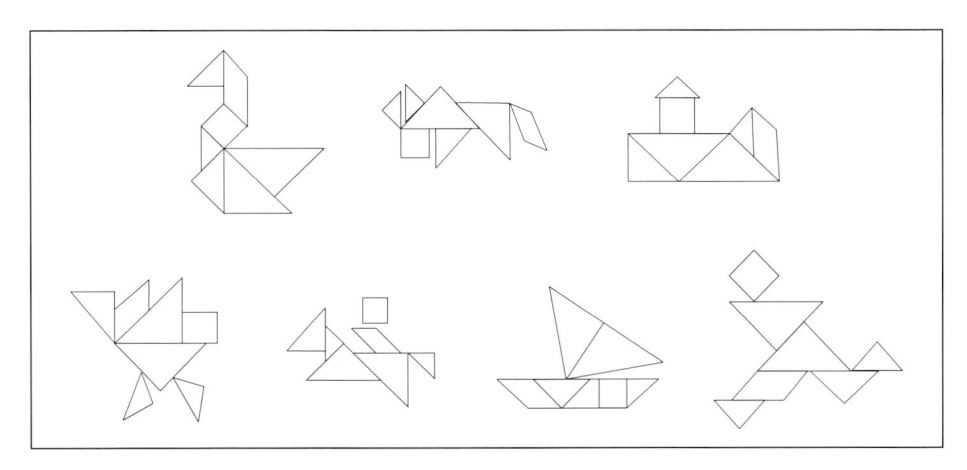

Imagens de barcos, casas, animais e pessoas construídas com as sete peças do Tangram.

O desafio está em reproduzir figuras desenhadas como silhuetas, ou ainda, brincar com o tangram criando novas figuras com as sete peças. As possibilidades de formas são muitas e isso pode ser constatado em diversos livros com milhares de figuras, como os de van Delft e Botermans (1978) e de Elffers (1973) que constam nas referências deste livro.

As silhuetas, para serem reproduzidas com as peças, representam imagens de pessoas, animais, objetos e até mesmo letras e números.

Em sala de aula

No Brasil, o tangram passou a ser utilizado como material para o ensino nas aulas a partir dos anos de 1980, inspirado em trabalhos apresentados em diversas publicações norte-americanas que chegaram ao país e passaram a ser divulgadas pelos grupos que pesquisavam sobre aprendizagem e alternativas para o ensino de matemática.

Na Educação Infantil e nas séries iniciais da escolaridade, o lúdico do desafio de criar ou reproduzir formas gera grande envolvimento das crianças, consequentemente, o aluno assume uma postura ativa em relação ao que aprende, ao mesmo tempo em que conhece as figuras geométricas e suas propriedades. Saber os nomes das figuras, identificar seus lados e vértices, identificar lados com mesma medida e perceber a composição de figuras são algumas das habilidades que podem ser trabalhadas com o tangram.

Assim, é importante que as atividades iniciais permitam a investigação e a exploração pelo aluno em relação às peças e ao que pode ser feito com elas. As primeiras ações em sala de aula são mais livres, o manusear e o falar sobre o que se observa possibilitam a aproximação dos alunos ao material.

A reprodução e criação de silhuetas com as peças é outro conjunto de atividades que tem como objetivo destacar as formas geométricas e desenvolver nos alunos as habilidades de percepção espacial.

As atividades de composição e decomposição de figuras geométricas com as peças do tangram podem vir na sequência para que os alunos identifiquem propriedades de natureza mais geométrica relativas às formas e medidas de lados e ângulos.

Na Educação Infantil, o brincar com esse quebra-cabeça pode se aliar à construção de painéis ou murais para ilustrar histórias, poesias ou temas de estudo como animais, plantas e paisagens.

A geometria e as peças do tangram

Como material de ensino de geometria, o tangram tem uma dupla função. Ele oferece um simples e desafiador meio de introduzir algumas noções e relações geométricas e é um bom veículo para desenvolver habilidades de percepção espacial.

Como se pode observar nas atividades que sugerimos a seguir, o uso do tangram permite interpretar e fazer desenhos, formar imagens mentais das formas e visualizar movimentos ou mudanças em figuras.

Entre as noções geométricas que podem ser desenvolvidas, estão o reconhecimento e a identificação das figuras básicas que o compõem, o que inclui triângulos diferentes daqueles dos blocos lógicos e o paralelogramo, que amplia o conjunto de quadriláteros conhecidos pelas crianças.

Quando usado nas aulas de matemática, o tangram possui duplo interesse pedagógico:

- a manipulação que favorece, através da percepção, da apreensão e da organização do espaço e o desenvolvimento de noções de posição concernentes aos deslocamentos e às noções relativas às formas obtidas.
- a construção e a representação, que se relacionam com a aquisição ou a memorização de noções que se manifestam na decodificação ou na elaboração de mensagens gráficas ou escritas.

Conhecendo o tangram

5 anos

Cada criança deve ter a oportunidade de manipular livremente o quebra-cabeça. Isto deve ser feito várias vezes para que os alunos familiarizem-se com o material e possam aprender uns com os outros alguns dos nomes das peças e até mesmo inventar nomes para as peças que desconhecem. É aconselhável que estas sejam entregues soltas, e não montadas em um grande quadrado como costumam vir na embalagem, porque é comum observar que os alunos tentam o grande quadrado, tal como o receberam. Porém, essa tarefa é muito difícil para crianças da Educação Infantil, o que pode deixá-las frustradas e inviabilizar um trabalho produtivo com esse material.

Depois de um certo tempo, o professor pode apresentar o tangram e contar sua história.

Construções livres

5 anos

Depois da manipulação livre das peças, as crianças devem ser incentivadas a criar suas próprias figuras usando o tangram.

Observa-se que inicialmente elas usam algumas das peças e rapidamente nomeiam o que constroem. Borboletas, castelos e casas, peixes, foguetes são algumas das criações que aparecem entre as construções das crianças.

À medida que essa atividade se desenvolve, é possível colocar as regras do quebra-cabeça, ou seja, que devem ser usadas as sete peças, que elas não podem ser sobrepostas e que precisam se tocar em pelo menos um ponto.

Os alunos podem escolher uma de suas construções para registrar. Para isso é importante orientá-los a fazer a figura sobre uma folha de papel, segurar as peças e contornar cada uma delas com lápis colorido, retirar as peças e pintar da forma que desejar. Os desenhos identificados podem compor um mural na classe ou fora dela para que as produções de todos possam ser conhecidas e analisadas por todos. Outra possibilidade é pedir que contornem e recortem as peças montando o mural com colagem.

Vejamos algumas dessas construções:

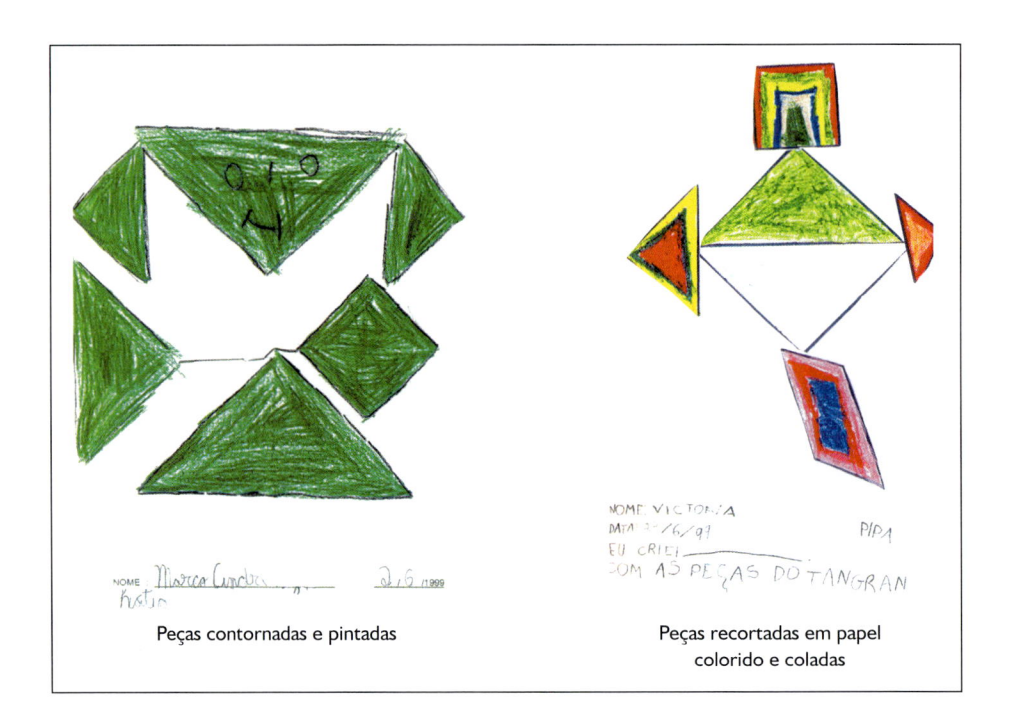

Peças contornadas e pintadas

Peças recortadas em papel colorido e coladas

Nessas atividades as crianças são muito imaginativas. Elas acrescentam às figuras olhos, boca, paisagem, etc., e ao falar sobre seus desenhos elas dão nomes e criam histórias com os personagens construídos.

Edu: Eu fiz uma pipa empinando. Ela já subiu.
Bia: Eu fiz um cachorro chinês.
Osmar: Eu estou construindo um barco.
Raphael: Eu fiz uma seta para lá porque aqui antes tem um buraco.

Silhuetas

5 anos

Esta atividade possui várias fases, cada vez mais complexas, que podem estender-se por um período de tempo bem longo e ser intercaladas com outras das atividades sugeridas.

Ela tem como objetivos desenvolver as noções de composição e decomposição de figuras, as habilidades de constância de forma, a percepção da posição no espaço e a discriminação visual, bem como identificar figuras de mesma forma e com mesma medida ou com medidas diferentes.

É importante que a criança tenha tido a oportunidade de vivenciar as atividades anteriores de manipulação e construção sem as restrições que os moldes das silhuetas impõem.

Cada aluno deve receber inicialmente uma silhueta do tamanho das peças do tangram. Nesse caso o desafio é identificar a peça em cada posição, mover a peça e encaixá-la no devido lugar. Aparentemente simples, essa é uma tarefa complexa para crianças pequenas, uma vez que elas precisam mobilizar ao mesmo tempo diferentes ações e conhecimentos.

Um exemplo seria montar a figura do boneco chinês, apresentada em tamanho grande de modo que cada parte tenha exatamente o tamanho da peça do tangram que a criança tem em mãos.

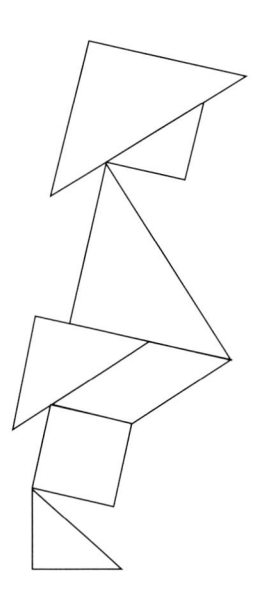

Em uma próxima etapa, à medida que os alunos apresentam facilidade no preenchimento dessas silhuetas, podem ser apresentadas outras com apenas parte das figuras destacadas e outras "apagadas", como no exemplo a seguir.

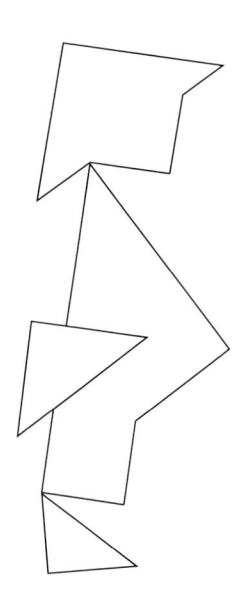

Posteriormente, aumentando a complexidade da tarefa, os alunos recebem silhuetas com apenas o contorno externo.

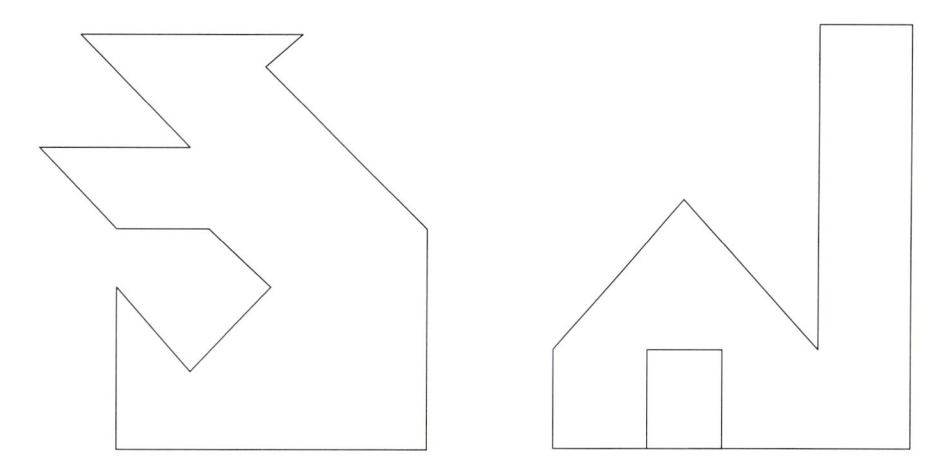

Ao trabalhar o preenchimento das silhuetas, é preciso que o aluno "tente ver" como as peças se encaixam para compor uma determinada forma. No início, mesmo tendo passado por diferentes etapas, muitos fazem o preenchimento de silhuetas sem contorno por tentativa e erro. Aos poucos, encontram um modo mais sistemático de resolver o problema, por isso, é importante que essas atividades sejam repetidas várias vezes ao longo do ano e não necessariamente concentradas em um único momento.

Ao montar as silhuetas encaixando as sete peças, os alunos percebem relações entre elas. Por exemplo, descobrem que com dois triângulos pequenos podem formar o quadrado, o triângulo médio e o paralelogramo. Também percebem que há uma relação entre as medidas dos lados de algumas figuras.

Finalmente, podemos propor a construção de silhuetas dados os contornos menores que as peças do tangram ou, ainda, em um cartaz distante da criança. Essa variação da atividade exige mais memória visual, bem como a percepção da relação entre as peças e o reconhecimento delas em diversas posições. Nesse caso, se a criança utilizar a tentativa e erro para resolver a construção, ela terá de fazê-lo de maneira mais reflexiva. Essa atividade é bem mais complexa que as demais e cabe ao professor cuidar para que ela não gere frustração e abandono rápido.

Algumas sugestões de silhuetas que podem ser reproduzidas e ampliadas estão no Anexo 2 ao final deste capítulo.

As peças do tangram

5 anos

Nesta atividade, o foco é conhecer as peças como figuras geométricas e algumas de suas propriedades.

Com o tangram em mãos, o professor pode questionar quem sabe o nome de cada peça. Os triângulos e o quadrado são em geral reconhecidos. O paralelogramo precisa ser então apresentado aos alunos e eles devem ter oportunidade para pensar sobre com o que ele se parece, ou se já viram alguma coisa ou objeto que se pareça com um paralelogramo.

Estabelecidos os nomes das peças, a próxima etapa é questionar:

– as peças são iguais ou diferentes?
– por que elas são ou não iguais?

As crianças identificam os triângulos como figuras com a mesma forma, assim como também dizem que alguns são iguais porque tem o mesmo tamanho e outros são diferentes porque tem diferentes tamanhos. Muitas vezes os alunos mostram que as figuras são iguais sobrepondo uma à outra e usam essa mesma estratégia para mostrar que um triângulo é maior ou menor que outro.

O quadrado e o paralelogramo são mostrados pelos alunos como figuras diferentes dos triângulos e uma da outra. Os argumentos são diversos, mas certamente, elas reconhecem que essas duas figuras não são triângulos.

Os próximos questionamentos possíveis são:

– quais são as peças que tem três lados?
– quais são as peças que tem quatro lados?

Agora é o momento para estabelecer a linguagem adequada e mostrar aos alunos o que é um lado de cada uma das figuras do quebra-cabeça.

Ao final, em uma roda de conversa, o professor pode organizar com a classe tudo que eles sabem sobre as peças. Espera-se que destaquem que elas tem formas diferentes, tamanhos iguais ou diferentes e que o número de lados de cada figura é três, no caso dos triângulos, ou quatro, no quadrado e no paralelogramo.

Pintando as peças do tangram

5 anos

Esta atividade tem como objetivo desenvolver a discriminação visual, a coordenação motora visual e a percepção de posição no espaço. Além disso, explora a identificação de figuras que têm a mesma forma e a mesma medida em diferentes posições.

Inicialmente, o professor apresenta um tangram desenhado, como o que segue, e pede que as crianças pintem as peças segundo uma escolha de cores para cada peça. Por exemplo: pintar os triângulos pequenos de vermelho, o médio de azul, os grandes de amarelo, o quadrado de verde e o paralelogramo de laranja.

Depois, as crianças podem pintar com as mesmas cores as peças de tangrams em outras posições ou uma silhueta como a que segue:

Memória

5 anos

Esta atividade tem como foco o desenvolvimento da memória visual e da constância perceptiva, devendo ser proposta somente depois que as crianças já estiverem familiarizadas com as silhuetas e as peças do tangram.

O professor deve preparar uma silhueta colorida em tamanho grande, em uma cartolina ou em transparência para retroprojetor e cada aluno recebe uma cópia da figura em papel sem as cores.

Em uma versão mais simples, a silhueta colorida é mostrada e propõe-se apenas que os alunos pintem as suas cópias com as mesmas cores.

Essa atividade pode se tornar bem mais complexa, por exemplo: pede-se que as crianças observem a figura colorida por um tempo; depois, retira-se a figura e solicita-se que pintem de memória seus desenhos com as mesmas cores. Se for preciso, a figura pode ser mostrada outras vezes por pequenos intervalos de tempo, até que todos consigam realizar a tarefa proposta.

Há ainda a variação de apresentar a silhueta e pedir que as crianças a construam com seus tangrams, primeiramente tendo a figura à vista e, em outros momentos, de memória.

Mural de formas

5 anos

Como no caso de outros materiais, é possível propor que as crianças elaborem a ilustração de uma história ou tema usando formas construídas com o tangram.

Uma sugestão interessante pode partir de uma lenda, descrita no quadro a seguir, a respeito desse quebra-cabeça, uma das muitas histórias que cercam objetos ou fatos de cuja origem temos pouco ou nenhum conhecimento. Se ela é ou não verdadeira, pouco importa; o que vale é a magia própria dos mitos e das lendas.

Contada a lenda, o professor pode propor que, em duplas, sejam construídas as figuras dos personagens, o mestre e o jovem chinês, enquanto as demais duplas constroem o que o jovem chinês observou nessa viagem. Ao final, pode ser montado um painel com todos os registros, ou ser feita a reescritura da lenda.

A lenda do tangram

Conta a lenda que um jovem chinês despedia-se de seu mestre para fazer uma grande viagem pelo mundo.

Nessa ocasião, o mestre entregou a ele um espelho de forma quadrada e disse:

— Com esse espelho, você registrará tudo o que vir durante a viagem para me mostrar na volta.

O discípulo, surpreso, indagou:

— Mas mestre, como, com um simples espelho, poderei mostrar-lhe tudo o que encontrar durante a viagem?

No momento em que fazia essa pergunta, o espelho caiu de suas mãos e quebrou-se em sete peças, como mostra a figura:

Então, o mestre disse:

— Agora você poderá, com essas sete peças, construir figuras para ilustrar o que viu durante a viagem.

Depois de ouvir a lenda do tangram, crianças de seis anos construíram algumas das imagens que o jovem chinês viu em sua viagem pelo mundo:

Outra possibilidade é propor que o painel esteja relacionado a (ou envolva) algum tema de estudo, como mostraremos na ilustração a seguir, na qual observamos alunos elaborando um painel com animais que vivem na Mata Atlântica.

Montando outras peças do tangram

6 anos

As peças do tangram possuem algumas relações interessantes de composição que podem ser percebidas pelas crianças e que desenvolvem um pensamento mais flexível com relação às formas e à sua posição no espaço.

A proposta é construir outras figuras geométricas, combinando algumas das peças do quebra-cabeça. Isso pode ser feito através da proposição de alguns problemas geométricos como:

– Usando os dois triângulos pequenos, recobrir o quadrado, o paralelogramo e o triângulo médio. Desenhar as soluções encontradas.

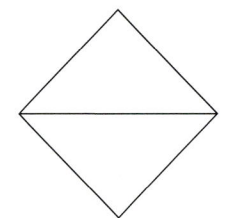

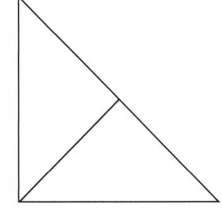

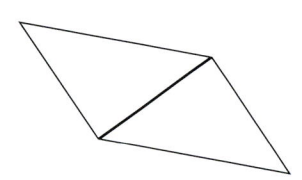

– Usando duas peças do tangram, formar um quadrado. Desenhar as soluções.

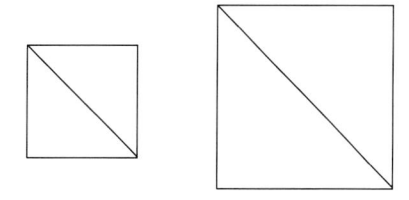

– Descobrir quais peças do tangram podem ser recobertas por outras três peças do quebra-cabeça.

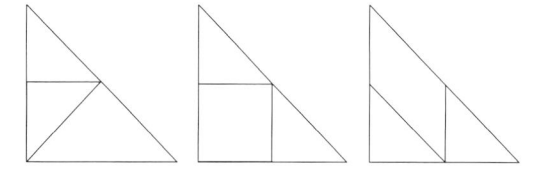

– Formar um quadrado usando duas, três e depois quatro peças do tangram.[1] Desenhar cada solução encontrada.

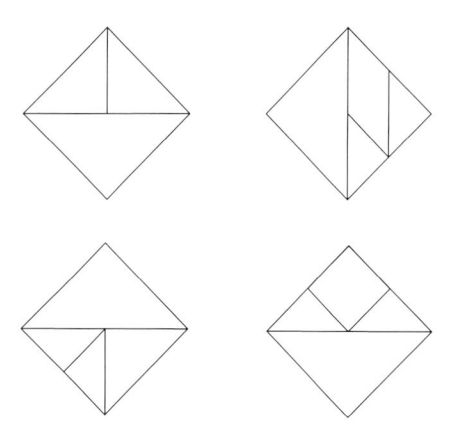

Essas situações podem ser feitas ao longo do ano, intercaladas com outras atividades. Também é possível propor que os alunos tentem construir outras formas geométricas usando duas ou mais peças do tangram, como é o caso de retângulos, paralelogramos ou trapézios.

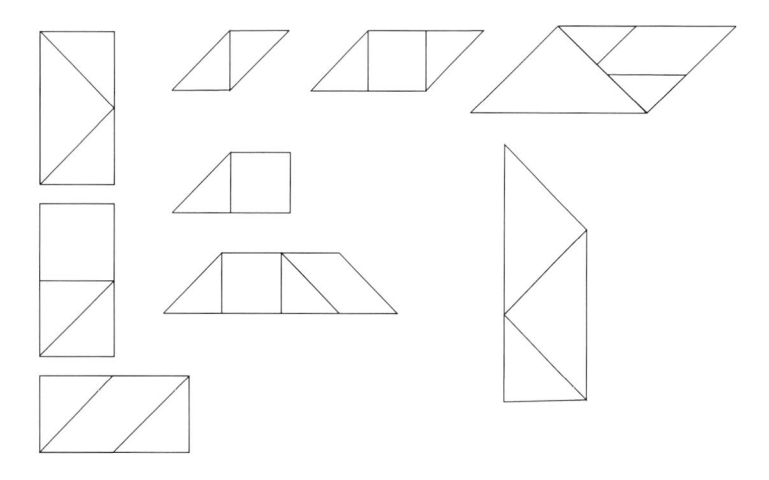

---

[1] Bazik, Edna F. Tangrams. In: *Projects to enrich school mathematics*, level 2. Vírginia USA: NCTM, 1984, p. 42-50.

Criando e adivinhando

6 anos

Em duplas, cada criança deve escolher quatro peças do tangram e montar com elas uma figura, sem que seu colega a veja. Depois, deve contornar as peças sobre uma folha de papel e escrever seu nome na folha.

A seguir, os desenhos são trocados na dupla para que um tente descobrir e montar a figura que o outro desenhou. Ao final, cada um confere a construção de seu par.

Além de desenvolver as várias habilidades de percepção espacial, essa atividade exige algum cuidado com o desenho, porque ele será lido por outra pessoa.

O professor pode observar que, à medida que essa atividade é repetida, a qualidade dos desenhos vai sendo aprimorada, em função da necessidade de comunicar melhor o que foi feito. Ela pode ser repetida outras vezes e o número de peças deve chegar progressivamente a sete.

O tangram é um recurso interessante, que pode apoiar todo o trabalho da Educação Infantil associado a propostas de escrita ou relatos orais de histórias que envolvam as figuras construídas ou criadas pelas crianças. Elas podem ser incentivadas a pintar e a nomear as figuras que constroem, ou também transformar suas construções e seus textos em livros individuais ou coletivos.

O CIRCO
MÁGICO
TEXTO COLETIVO
C.A. - PROFª CRISTINA
ILUSTRAÇÃO GABRIEL

Onde estará mingau?
Autora: Alexsandra Balian

Anexo 2 – Sugestões de silhuetas que podem ser ampliadas ou ter apagadas algumas das divisões das peças ou todas as divisões

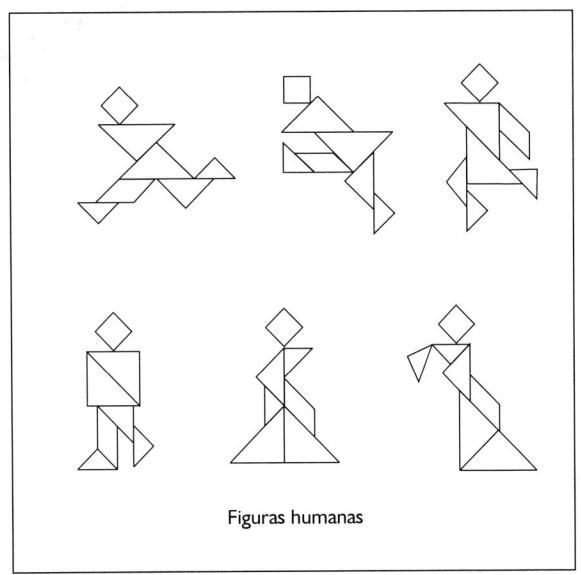

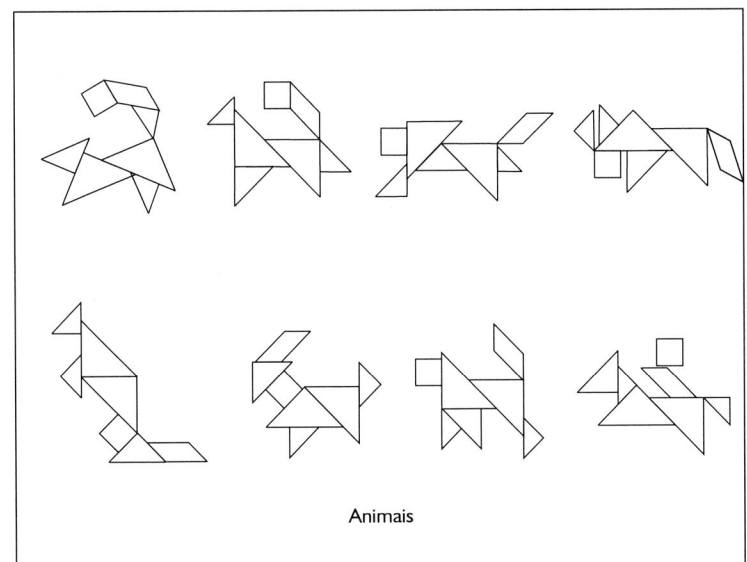

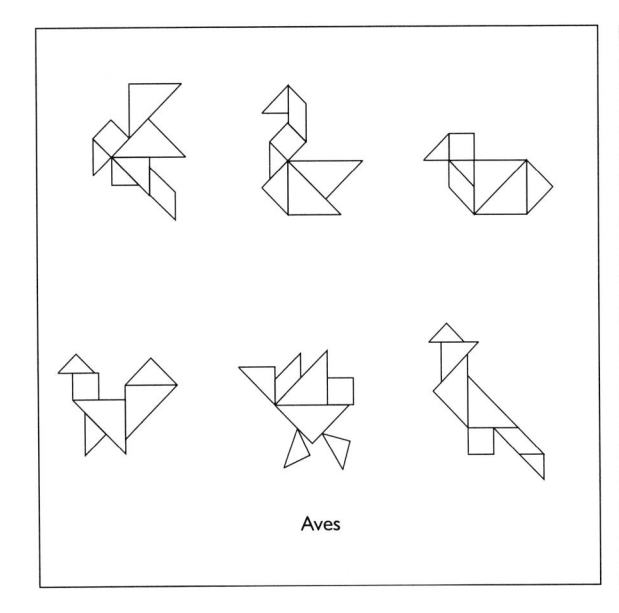

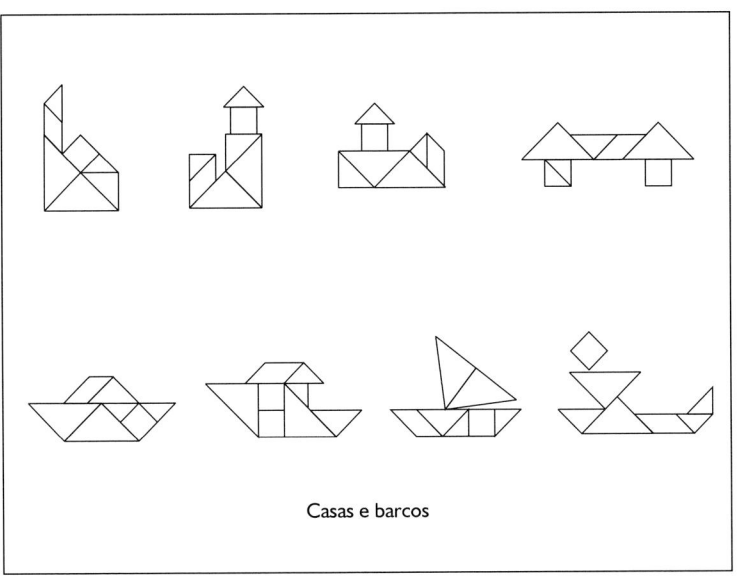

Figuras humanas

Animais

Aves

Casas e barcos

Geoplano

O geoplano foi elaborado pelo matemático inglês Calleb Gattegno e é um excelente material para os alunos explorarem problemas geométricos.

Existem diferentes tipos de geoplano, mas o mais comum nada mais é que uma base de madeira na qual são colocados pinos sobre os vértices de cada quadrado de uma malha quadriculada desenhada sobre a tábua.

O geoplano é acompanhado por elásticos, de preferência coloridos, que permitem a quem o manipula "desenhar" figuras na malha de pinos para depois registrar as figuras construídas no geoplano em papel. Os geoplanos costumam ser identificados pelo número de pinos que tem a malha quadriculada em cada lado; assim, por exemplo, o geoplano 5x5 é aquele cuja malha tem cinco pinos em cada lado.

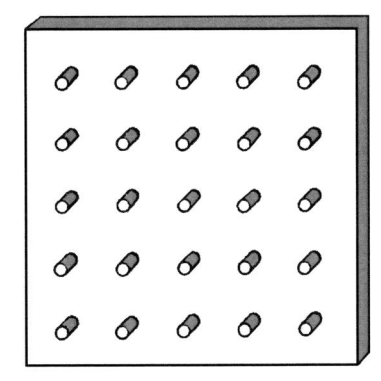

Uma das grandes vantagens do geoplano é que, ao contrário da folha de papel, ele tem mobilidade, é "dinâmico", e a flexibilidade com que se pode fazer e desfazer construções permite que a criança habitue-se a ver figuras em diversas posições, perceber se uma determinada hipótese que fez para a solução de um problema é adequada e corrigi-la imediatamente se necessário.

Outra característica desse material é que as figuras são representadas por seus lados, e não por seu interior, como acontece com o tangram, a dobradura e outros materiais. Isto requer da criança um outro olhar sobre as formas e suas propriedades e influirá na discriminação da fronteira de figuras já conhecidas.

O geoplano também permite a ruptura de algumas hipóteses que as crianças elaboram em função da utilização de materiais como tangram e blocos lógicos, que apresentam apenas figuras básicas particulares. Um exemplo disso pode ser observado no fato frequente de crianças que reconhecem como triângulos apenas os triângulos equiláteros ou isósceles (três ou dois lados de mesma medida) e não aceitam que uma figura com três lados diferentes possa ser chamada de triângulo. Quando exploram figuras no geoplano, ampliam seu conhecimento sobre essa figura.

Pela agilidade que o geoplano permite na construção de figuras, ele favorece a visualização, o desenho, a imaginação e a comparação de figuras em diferentes posições, o que auxilia a criança a desenvolver seu sentido de espaço e a identificação de figuras e de suas propriedades.

Na Educação Infantil, a manipulação de elásticos de diversas cores para construir figuras geométricas no geoplano tem como objetivos desenvolver e explorar propriedades de figuras planas, noções de proporcionalidade e semelhança de figuras. Através de transformações que o aluno pode fazer nas diferentes figuras que cria, podem ser desenvolvidas as propriedades relativas a número de lados, vértices e ângulos das figuras mais simples, a noção de igualdade entre lados e ângulos e a percepção de quando duas figuras assemelham-se ou não.

Além disso, a forma como o trabalho é proposto permite o desenvolvimento de todas as habilidades de percepção espacial que já listamos anteriormente, em especial a coordenação visuomotora, a memória visual e a constância de forma e tamanho, bem como a percepção da posição de uma figura no espaço.

No entanto, o geoplano traz um componente adicional no que diz respeito à localização espacial, pois para se orientar no quadro de pinos é frequente a contagem de pinos à direita, à esquerda, sobre as linhas ou dentro da figura, criando um aspecto quantitativo para a localização de posições que se assemelha ao que usamos no plano cartesiano, mas de maneira mais simples e menos formal.

Desenhar as figuras feitas no geoplano é uma parte importante do trabalho com esse material. Pela agilidade com que as figuras podem ser feitas e desfeitas, o registro da atividade deve ser feito em papel com malha pontilhada. Desenhar esses modelos na malha auxilia os alunos a enfocar características específicas de cada figura.

É preciso ter um cuidado especial com o tamanho da malha que, no início, deve ser o mesmo do geoplano, isto é, se a distância entre os pinos é de 3 centímetros, esta deve ser a distância entre os pontos no papel (veja modelo no Anexo 3). À medida que as crianças adquirem familiaridade com o geoplano, podemos entregar a malha pontilhada com tamanho do quadriculado menor que o do geoplano; no entanto, as habilidades envolvidas em cada caso são distintas, o que pode causar alguma dificuldade para as crianças (veja modelo no Anexo 4). No caso da malha de mesmo tamanho que o geoplano, a reprodução de figuras exige a memória visual e a percepção de relações de posição, ao passo que na malha menor, sendo preciso observar também a semelhança entre a figura no geoplano e sua representação no papel.

Para as crianças menores de seis anos, esse material não é indicado, não apenas pelo perigo dos elásticos, mas também pela coordenação motora e visual que são exigidas para que a criança possa refletir a partir das atividades, especialmente no que diz respeito a desenhar suas construções e aprender com elas. O trabalho precoce com esse material tende a ser mecânico e muito difícil, o que pode irritar e desestimular a criança e invalidar o geoplano como recurso para aprendizagem.

Em todas as atividades que propomos, é importante que cada criança possua um geoplano para manipular, pois é através da interação com o material que ela pode, por reflexão, estabelecer as relações que as atividades têm como objetivo.

Conhecendo o geoplano

6 anos

Como os demais materiais manipulativos, a primeira atividade é a exploração livre para que as crianças possam perceber como é possível montar figuras nele, usando os elásticos com a força adequada. Assim, os alunos devem ter um tempo para explorar e investigar o geoplano antes de serem propostas atividades estruturadas.

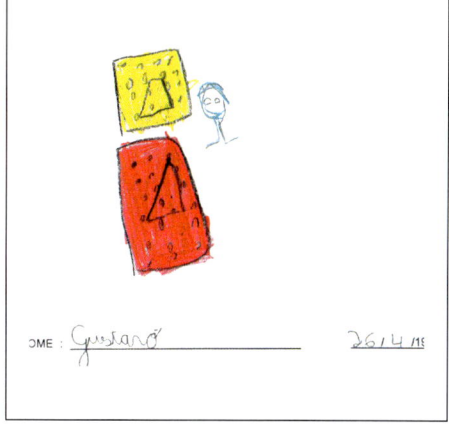

Desenhos realizados após atividade de exploração livre do geoplano.

Essa atividade pode ser repetida outras vezes e, aos poucos, podem ser introduzidas algumas restrições como usar apenas um, dois ou três elásticos para depois os alunos desenharem na malha pontilhada o que construíram.

A observação dos desenhos das crianças permite que o professor possa acompanhar as primeiras hipóteses delas sobre como transferir para o papel as construções feitas. Algumas crianças encontram bastante dificuldade para fazer isso, porque suas construções são muito complicadas, outras contam os pinos, outras os espaços entre os pinos, e nem sempre o desenho corresponde exatamente ao que construíram. O professor deve evitar interferir nessa etapa do trabalho, deixando que elas possam pensar autonomamente e incentivando que troquem opiniões sobre seus desenhos.

Construindo no geoplano

6 anos

Em duplas, as crianças recebem um cartão com uma figura para que a construam, cada uma em seu geoplano.

O professor deve dar a mesma figura para todos da classe, sempre uma a cada vez, como a que segue:

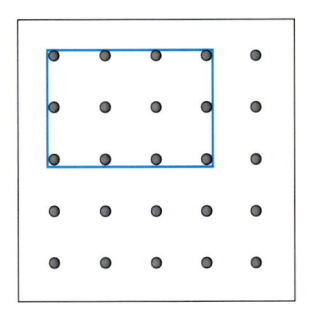

Nas duplas, as crianças auxiliam-se e, com a orientação do professor, podem falar sobre a figura:

- com o que ela se parece;
- como foi feita a construção no geoplano;
- observar a construção do colega para verificar se ela está como a do cartão, argumentando por que está igual ou não.

É muito comum os professores dizerem a seus alunos como eles devem fazer para reproduzir a figura no geoplano; no entanto, aconselhamos que o professor seja apenas observador e que estimule os alunos a descobrir com os outros qual a melhor maneira de elaborar a construção. Estratégias como contar os pinos sobre as linhas, contar pinos no interior, contar as linhas que são lados dos quadrados, etc., podem surgir entre os alunos. Dessa forma, eles terão uma ótima oportunidade de aprender e ensinar através da troca, ao invés de receber a resposta pronta do professor. Porém, para que isso aconteça, é preciso que o professor estimule a conversa e peça que os alunos contem uns aos outros como conseguiram desenhar suas figuras.

É comum as crianças pequenas acreditarem que copiaram uma figura toda quando somente conseguiram copiar parte dela. Nesse caso, elas necessitam ser levadas a observar cada parte da figura separadamente.

Cada vez que propuser essa atividade, o professor deve mudar a figura e discuti-la com seus alunos ao término da tarefa: como ela é, se alguém conhece um nome para ela, quantos lados ela tem, quantos cantos, o que se parece com ela na classe, etc.

Essa atividade deverá ser alternada com a primeira várias vezes antes de passarmos às próximas atividades. E, mesmo depois de passarmos à terceira sugestão, o professor alternará as duas primeiras com a terceira.

Os desenhos sugeridos no Anexo 5 devem ser dados na ordem em que aparecem, pois essa ordem segue um princípio de complexidade nas figuras a serem construídas.

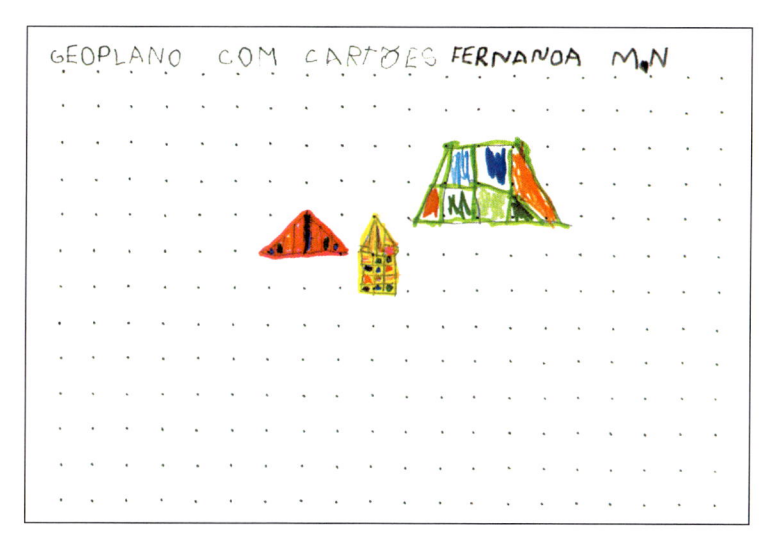

Reprodução na malha pontilhada após a construção de figuras apresentadas em cartões.

Adivinhando

6 anos

Cada aluno faz uma construção no geoplano, com o número de elásticos que desejar, e depois mostra para a classe, que deve tentar adivinhar o que ele fez.

Depois, cada aluno faz uma construção no geoplano e, em seguida, a copia na malha pontilhada. Os desenhos são trocados entre os alunos, que devem estar em grupos, e a tarefa consiste em cada um, a partir do desenho recebido, construir a figura do amigo no seu geoplano. Quando a tarefa termina, as figuras são conferidas e as semelhanças e as diferenças são discutidas entre os alunos.

O objetivo dessa atividade é permitir a criatividade e desenvolver o desenho como registro e a capacidade de leitura dos desenhos. Muitas vezes, os alunos precisam desfazer o que construíram porque é muito complexo e não conseguem desenhar, enquanto outros desenham apenas parte do que fizeram, o que propiciará muitas discussões quando for feita a conferência entre a primeira construção e a do colega que reproduziu o desenho.

Outra variação é apresentar pequenas adivinhações como as que seguem, nas quais o aluno deve ler o desenho, construir as figuras e depois decidir qual delas satisfaz a certas pistas dadas pelo professor.

Transformando

6 anos

Em grupos, os alunos recebem os desenhos a seguir. Inicialmente, o professor orienta que cada um copie esta figura no seu geoplano:

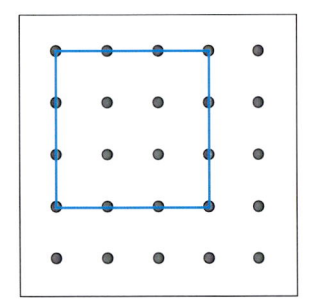

Depois, questiona: "Como você deve fazer para transformar esta figura em outra deste tipo?".

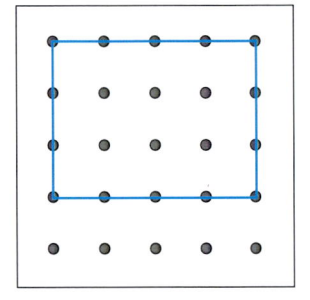

E solicita: "Desenhe cada figura final na malha pontilhada".

Essa atividade tem como objetivo principal aumentar a mobilidade do pensamento em relação à memória visual e a percepção da posição de uma figura no espaço quando o aluno tem que perceber uma figura transformando-se em outra e vice-versa.

Durante a atividade, o professor pode observar especialmente a linguagem que os alunos usam para explicar como moveram uma figura para transformar em outra, se usam os termos lados, pontas ou vértices, iguais, diferentes, para cima, para baixo, ao lado, etc., que evidenciam a percepção das propriedades da figura e do movimento.

A seguir, apresentamos outras sugestões que podem ser usadas na mesma atividade, mas em outros momentos.

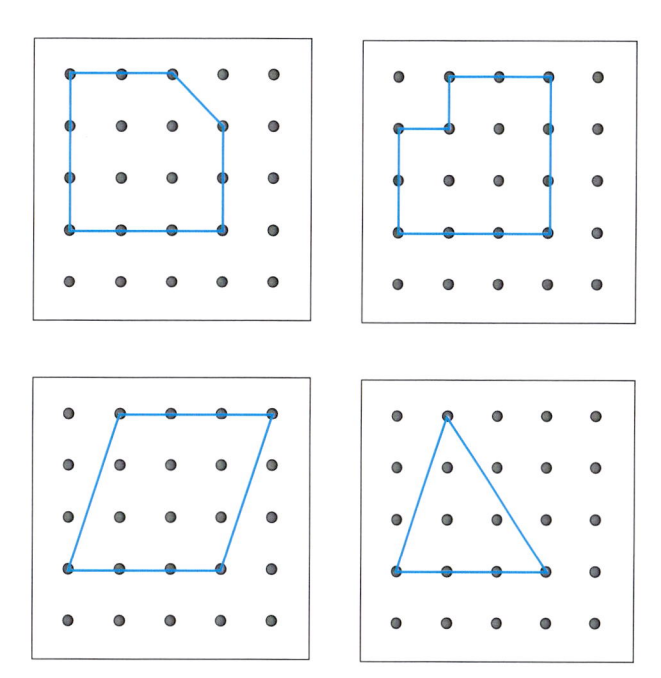

Contando pinos

6 anos

Esta atividade deve ser proposta depois que os alunos tiveram várias oportunidades de construir e desenhar na malha pontilhada. Seu objetivo é propor situações-problema com várias soluções, os quais exigem dos alunos várias tentativas, pois eles precisam rever algumas de suas hipóteses sobre triângulos e quadrados a que nos referimos anteriormente.

Em duplas, os alunos devem construir em seus geoplanos três figuras diferentes, sendo que em cada uma delas o elástico deve encostar em apenas três pinos (repetir para quatro, cinco, seis ... pinos).

Em outro momento, o professor pode pedir que os alunos façam um quadrado que toque em 4 pinos (repetir para 12, 8, 16), ou ainda um triângulo que toque em 3 pinos (podemos repetir para 9, 8, etc.).

É interessante observar que, muitas vezes, todos os alunos apresentam a mesma solução. Por exemplo, no caso do triângulo passando por 3 pinos, a solução mais comum é:

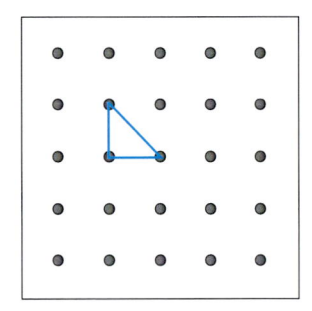

No entanto, cabe ao professor desafiar seus alunos a encontrar outras soluções para essa construção.

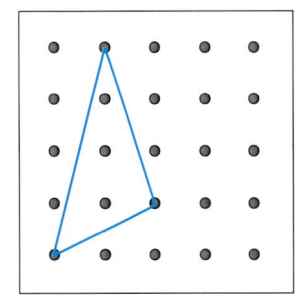

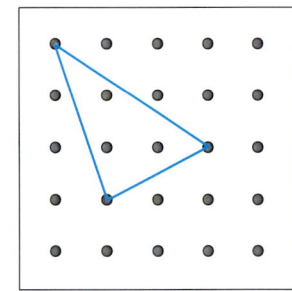

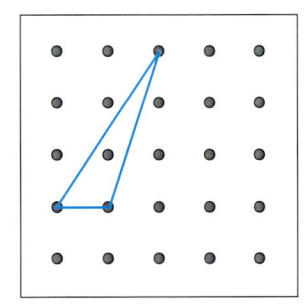

Figuras diferentes

6 anos

Com o objetivo de enfatizar as propriedades das figuras simples, esta atividade permite que, na busca de diferentes figuras, a criança reflita sobre algumas características geométricas como número de lados e tamanho de lados e ângulos.

Os alunos devem estar em duplas ou grupos em que possam discutir suas hipóteses e compará-las.

– Construa no seu geoplano diferentes figuras de quatro lados. Desenhe na malha.
– Construa no seu geoplano diferentes triângulos. Desenhe na malha.
– Construa no seu geoplano diferentes retângulos. Desenhe na malha.

O professor deve solicitar um item de cada vez e em diferentes momentos. Ao final, cada uma das crianças deve mostrar seus desenhos e buscar semelhanças e diferenças entre as várias construções feitas pelos colegas. A seguir, vemos o desenho feito para a atividade de desenhar diferentes quadrados construídos no geoplano:

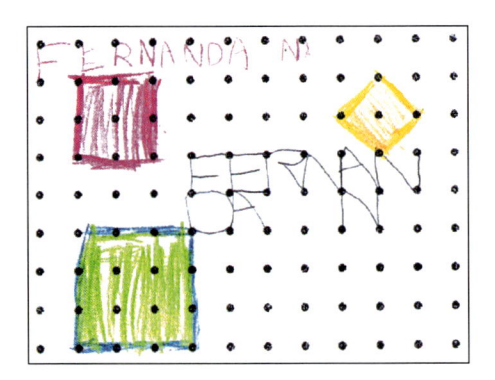

Ampliando ou reduzindo

6 anos

Esta atividade busca desenvolver a noção de semelhança de figuras, solicitando que os alunos ampliem ou reduzam uma figura. É interessante observar que, muitas vezes, as crianças da Educação Infantil ao ampliar ou reduzir uma figura destroem suas propriedades, deformando-a. Por isso, é importante que elas possam avaliar suas construções, comparando-as e discutindo-as com os colegas.

O professor pode observar a linguagem que usam nessas discussões, em que aparecem as características das figuras que a criança está usando como foco de sua observação. Por exemplo, pode ocorrer de a figura maior ou menor ser interpretada como sendo mais comprida ou mais larga que a original, o que provocará uma deformação na figura, fazendo com que o quadrado deixe de sê-lo quando ampliado. Quando isso acontecer, o professor deve colocar em discussão pela classe o que significa ser maior ou menor, uma vez que nesse momento da escolaridade não é possível precisar melhor o significado de ser semelhante.

– Use um elástico e faça a figura abaixo no seu geoplano:

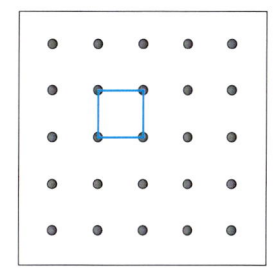

– Agora faça essa figura ficar maior: ela deve tocar em 8 pinos. Desenhe na malha as duas figuras.

Repetir para as figuras abaixo:

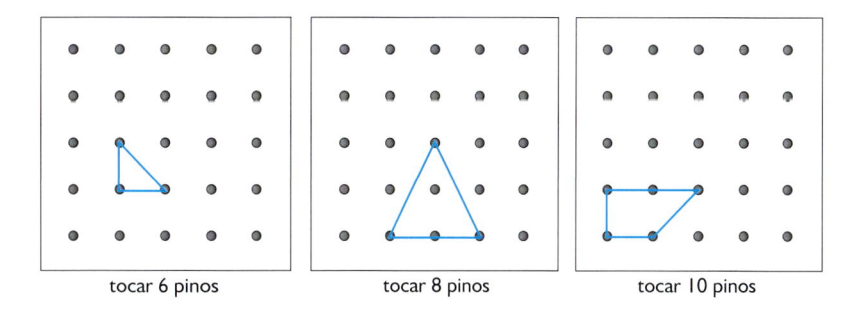

tocar 6 pinos   tocar 8 pinos   tocar 10 pinos

– Copie a figura abaixo no seu geoplano:

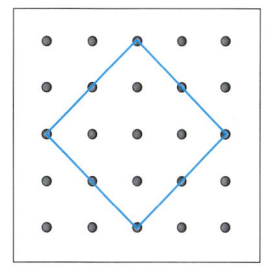

– Faça uma menor: ela deve tocar em apenas 4 pinos.

Essa atividade pode ser repetida para outras figuras.

O maior e o menor

6 anos

Esta atividade propõe a resolução de alguns problemas geométricos simples, que devem ser apresentados às crianças um de cada vez. São eles:

- Qual é o menor quadrado que você consegue fazer no geoplano? Desenhe.
- Qual é o maior quadrado que você consegue fazer no geoplano? Desenhe.
- Quantos quadrados diferentes você consegue fazer no geoplano? Desenhe.
- Por que esses quadrados são diferentes?

Observando os alunos, percebemos que alguns deles encontram apenas dois ou três quadrados diferentes, enquanto outros representam retângulos não quadrados; então, cabe ao professor colocar em discussão as diferentes resoluções encontradas e retomar com as crianças as dificuldades encontradas.

Dificilmente, na Educação Infantil, as crianças apresentam como solução quadrados com lados não paralelos às bordas do geoplano. Isso é bastante natural e reforça o fato de que elas se encontram no nível da visualização, o que ainda não lhes permite aceitar outras imagens de quadrados como:

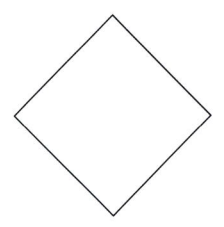

O professor pode apresentar soluções como esta e questionar as crianças sobre a validade ou não dessa resposta. No entanto, espera-se que, para muitas crianças, essa solução não seja aceita.

Figuras iguais em diferentes posições

6 anos

Esta atividade é mais livre e permite maior criatividade em relação às formas que serão construídas pelas crianças, porém a dificuldade está em reproduzir a figura em diferentes posições e depois desenhar cada uma dessas construções.

Propomos que as crianças façam em seus geoplanos duas figuras que sejam iguais em tudo e que não se toquem. Depois, elas devem desenhar sua solução na malha pontilhada.

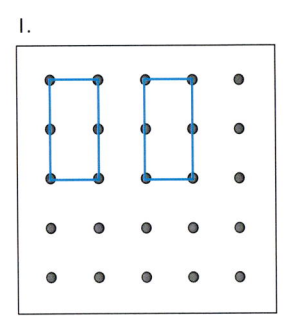

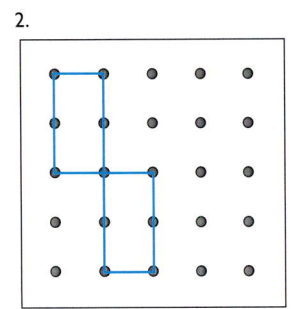

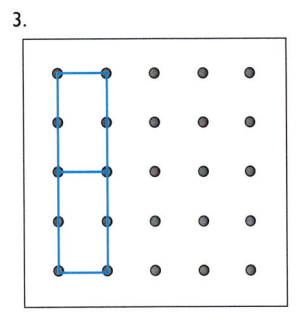

1.
2.
3.

A seguir, pedimos que novamente sejam feitas duas figuras iguais em tudo, mas que se encostem por um canto, para finalmente fazerem duas figuras que sejam iguais em tudo e que se encostem por um lado. Como antes, cada resolução deve ser desenhada na malha pontilhada.

Para finalizar a apresentação desse recurso, é importante destacar que essa sequência de atividades não precisa ser esgotada e não é única. O ritmo e a frequência das atividades serão determinados pelas crianças e pelos objetivos do trabalho. No entanto, é preciso lembrar que não basta enfatizar as propriedades geométricas das figuras; é preciso também deixar um espaço para a criatividade e para a fala das crianças que devem argumentar, questionar e expor suas descobertas e suas dificuldades.

Com relação à avaliação da apredizagem dos alunos, a observação frequente do professor com registro organizado e acompanhamento das produções dos alunos através de seus desenhos e textos são instrumentos valiosos, tanto para orientar o planejamento e a retomada das atividades quanto para informar ao aluno sobre seus avanços e suas descobertas.

ANEXO 3 – Malha pontilhada do tamanho real do geoplano

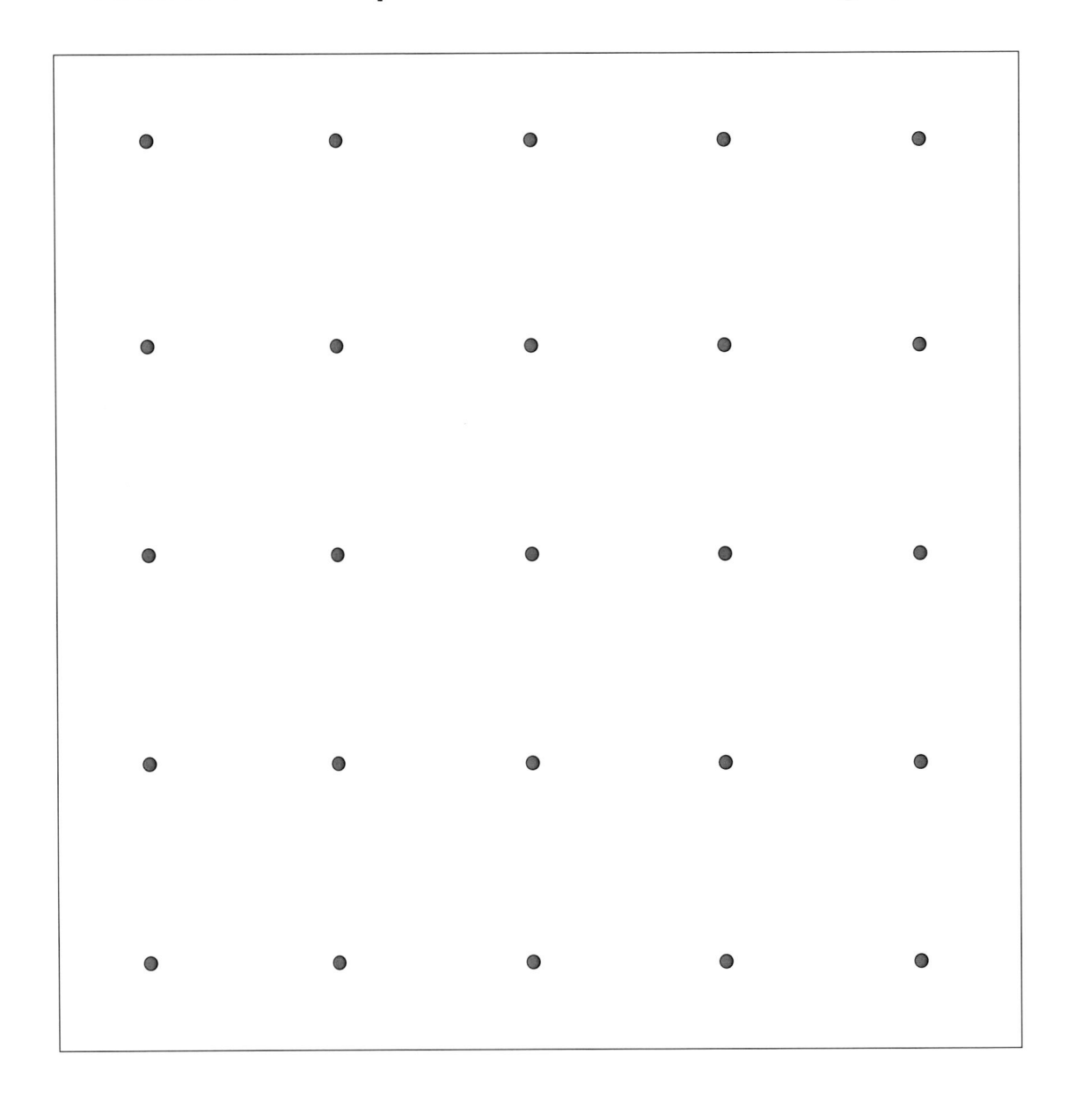

ANEXO 4 – Malha pontilhada em tamanho reduzido

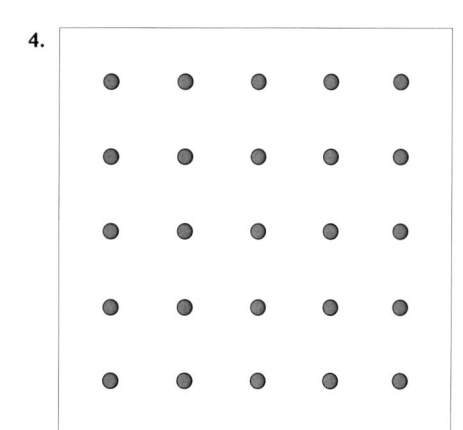

1.

2.

3.

4.

ANEXO 5 – Sugestões de figuras para reprodução no geoplano

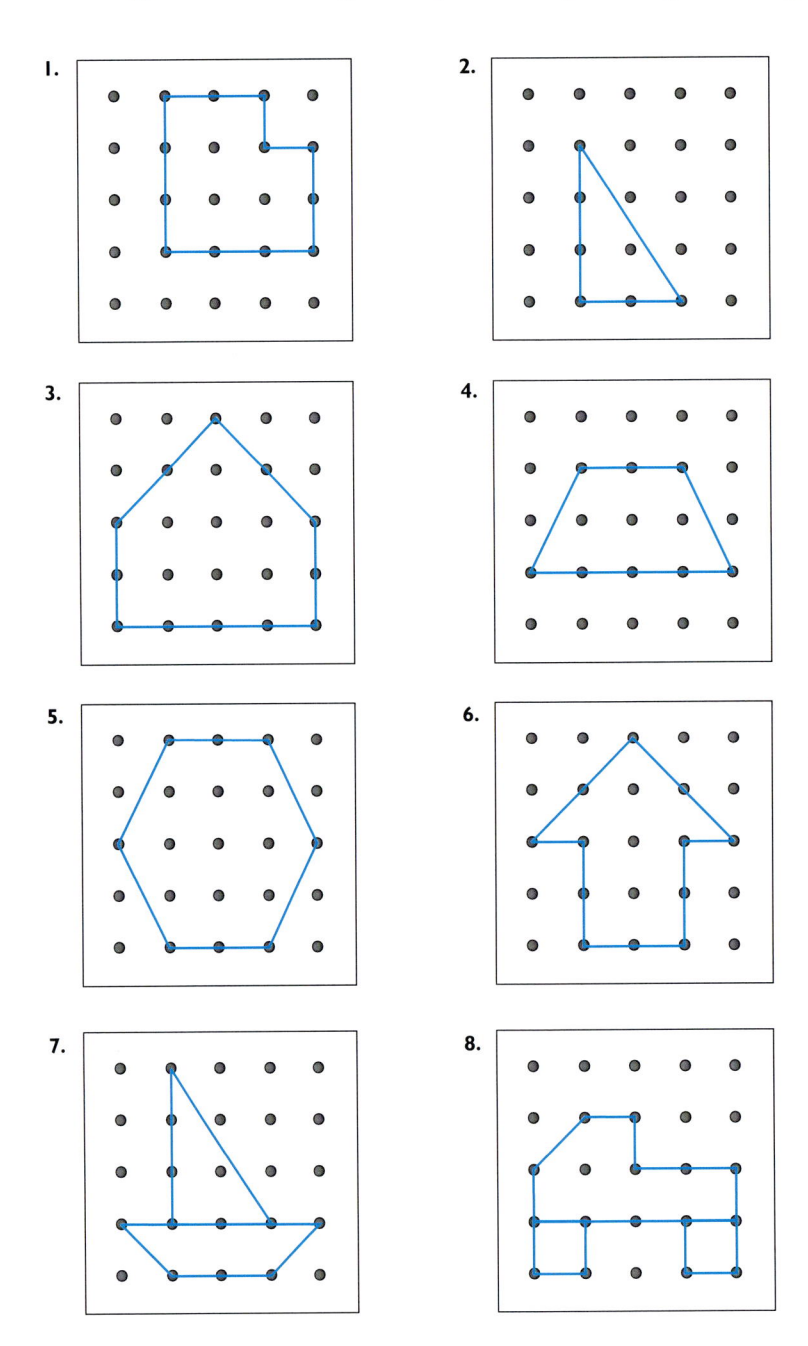

Outros Recursos

Labirinto das tesouras

Em alguns momentos do trabalho na Educação Infantil, é possível que o professor direcione as suas atividades para uma conexão com Literatura Infantil e Artes, de modo que os alunos percebam as formas geométricas básicas, observando-as e reconhecendo-as em vários suportes e objetos, bem como desafiando novas relações do traçado do desenho com as formas trabalhadas para apropriação de traços cada vez mais firmes e complexos. Além disso, auxilia os alunos a ampliar sua capacidade de discriminação para que relacionem a geometria a fatos, produções e objetos de seu cotidiano.

Literatura Infantil[12]

4 anos

A literatura infantil é um recurso que tem encantado professores e alunos, pois nossas crianças são leitores em construção, gostam de ouvir e contar histórias. Segundo pesquisadores como Kaufman e Ferreiro, uma proposta de construção de leitores competentes, sensíveis e críticos pressupõe experiências de linguagem com os mais variados tipos de textos verbais e não verbais, orais e escritos.

Acreditando na possibilidade de contribuir para a produção desse conhecimento e sabendo do encanto que a leitura causa em qualquer pessoa, propomos um trabalho com figuras e formas através da literatura infantil. Para isso, sugerimos ao professor dois livros que costumam encantar muito as crianças:

- *Clact... Clact... Clact...*, de Liliana e Michele Iacocca. 3.ed. São Paulo: Ática, 1988.

Esse livro conta a história de uma tesoura que encontra muitos papéis picados e "bagunçados". Descontente com a qualidade dos recortes e com a desordem dos papéis coloridos, a tesoura resolve arrumá-los e, para isso, utiliza recursos como classificação e montagem de formas geométricas.

O trabalho com esse livro permite abordar noções referentes a formas geométricas planas, tais como círculo, quadrado, triângulo, trapézio, paralelogramo e pentágono, além de permitir explorações com mosaicos, composição e decomposição de figuras.

- *As três partes*, de Edson L. Kozminski. São Paulo: Ática, 1986.

Esse livro conta a história de uma casa que quer ser outras coisas. Para tanto, ela se divide em três partes que a partir daí vão montando novas formas e saem pelo mundo para conhecê-lo, vivendo diferentes experiências e aventuras. A leitura desse livro propicia um trabalho com formas geométricas, sequências, composição e decomposição de figuras e simetria de reflexão.

Com a utilização de livros de literatura que infantil, é possível a confecção de murais que ilustram os personagens da história, utilizando desenho, recorte e colagem ou dobradura, conforme vimos anteriormente. Os alunos também podem fazer reescritas da história produzindo seus próprios livros ou, ainda, confeccionar livros com as formas estudadas na história:

---

[12] Sobre este assunto, consultar Smole, K.C.S. et al. *Era uma vez na matemática: uma conexão com a literatura infantil*. 3.ed. São Paulo: CAEM – IME/USP, 1998.

Fazendo arte com as figuras geométricas

5 anos — Mostrar uma obra de arte como as dos artistas Mondrian, Miró, Paul Klee ou Robert Delaunay. Observar uma pintura como esta:

Robert Delaunay, Formas Circulares, 1930, Solomon R. Guggenheim Museum, Nova York

E propor questões do tipo:

– O que é isso que eu tenho aqui?
– Quem pintou essa obra?
– Que formas são essas?
– Vamos fazer o contorno dessa forma com o dedo no ar?

Questões desse tipo orientam o olhar das crianças para uma obra e, simultaneamente, auxiliam no desenvolvimento do pensar espacial. Não temos como intenção que todos percebam e olhem as mesmas coisas, e sim que comecem a questionar a intenção do pintor, interpretem os traços, digam o que sentiram, identifiquem as formas utilizadas pelo artista e os efeitos que elas causam na obra.

Após as crianças terem comentado suas descobertas e seus sentimentos, o professor propõe que cada um crie a sua obra, na qual apareçam formas geométricas.

Ao propor que as crianças desenhem, o professor não deve exigir que copiem a obra que foi apresentada, mas apenas a utilizem como recurso para ampliação do seu repertório.

Para uma atividade como essa, apresentamos o desenho de duas crianças:

Modelando formas

4 anos

O professor entrega para as crianças uma figura recortada e pede que a modelem com massinha ou argila. Nessa atividade, é muito comum que algumas crianças usem o molde como suporte para modelar, outras apenas olham e desenham ao lado.

Com o tempo, é possível propor que elas modelem algumas formas já conhecidas sem ter o modelo, o que fará com que utilizem a sua memória visual, permitindo ao professor perceber quais crianças associam o nome à imagem e o que elas modelam da figura e o que traz maior dificuldade.

Moldar as figuras em massinha ou argila permite que os alunos pensem sobre suas características: como são os lados, quantos vértices (cantos) tem, como são os ângulos... Portanto, se ficarem envolvidos com esse trabalho, é interessante que seja repetido outras vezes, permitindo aos alunos inventarem figuras. Podem ser propostos outros desafios para a modelagem como:

– Quem faz uma figura de quatro lados que não seja quadrado nem retângulo?
– Quem faz um triângulo com os três lados de tamanhos diferentes?

O professor propõe que modelem um círculo e depois um quadrado, podendo variar as figuras em outras ocasiões. A seguir, pede que falem sobre suas modelagens, comparando semelhanças e diferenças.

Se a modelagem tiver sido feita com argila, o professor propõe às crianças que pintem a sua figura geométrica com o pincel ou com o dedo, o que dá um efeito visual bonito, organizando posteriormente uma exposição.

Recorte e colagem

5 anos

O objetivo dessa atividade é trabalhar a constância de forma, a identificação de figuras geométricas e as propriedades das figuras. Em sua realização, a habilidade visual será constantemente exigida, tanto para olhar a imagem e descobrir as figuras conhecidas que ela tem quanto para se nutrir esteticamente do desenho que está sendo mostrado. Além disso, noções de localização como dentro, sobre e perto estarão sendo desenvolvidas pelos alunos durante toda a execução da atividade.

O professor entrega uma imagem como a que segue para cada criança, podendo também projetá-la ou reproduzi-la em um cartaz. Inicialmente, propõe questionamentos como os sugeridos para a leitura da obra de Robert Delaunay:

Feito isso, propõe aos alunos que, utilizando sucatas ou outros objetos, recortem os círculos nas quantidades e nos tamanhos necessários para reproduzir a figura. Nessa etapa do trabalho, os alunos terão de discriminar tamanhos, decidir sobre as cores e perceber as características da forma utilizada. No caso específico do desenho que indicamos para ser reproduzido, os alunos percebem claramente que os círculos não têm pontas, são redondos, etc.

Os alunos reproduzem a figura a partir das percepções que tiverem sobre ela, sendo que o professor não deve fazer nada por eles, nem mesmo os recortes. Depois de montarem, as crianças colam as figuras, obtendo trabalhos os que mostramos a seguir:

Atividades como essa não podem ser trabalhadas apenas uma vez; por isso, à medida que o professor perceba que seus alunos estão mais críticos ao olhar uma imagem, ele pode propor novas imagens retiradas de propagandas, rótulos, fotos e ampliar os questionamentos:

- De que o autor precisou lembrar para que essa imagem ficasse parecida com o que vocês estão dizendo que parece?
- Falta algum detalhe?
- Vocês gostariam de utilizar essa imagem para criar uma outra, utilizando apenas as figuras geométricas que ele usou?
- Eu tenho aqui nessas caixas, essas figuras geométricas de diferentes tamanhos. Gostaria que vocês escolhessem algumas para montar a sua figura.

O professor deixa que as crianças criem algo livremente, usando as figuras geométricas. No início, é muito comum os alunos usarem a imagem apresentada para copiarem; com o tempo, porém, suas criações vão modificando-se e o que eles copiavam passa apenas a ser utilizado para sugerir ideias.

Com esse material, o professor pode montar um painel e pedir que todos tentem descobrir o que os amigos fizeram. Algumas colagens podem ser escolhidas pelo professor para que se faça uma leitura como a que foi sugerida anteriormente.

Para finalizar este capítulo, gostaríamos de lembrar que as sequências de atividades para o estudo de figuras planas são apenas sugestões para o trabalho em sala de aula. Nesse sentido, elas podem ser complementadas e aperfeiçoadas pelo professor em função dos materiais de que dispõe, das características de seus alunos e de sua experiência profissional.

5 Conhecendo os Sólidos Geométricos

Os sólidos geométricos desempenham um papel importante no trabalho com a geometria na Educação Infantil. A razão disso é que eles podem constituir-se em um contexto rico tanto para desenvolver a percepção espacial dos alunos quanto para permitir que eles estabeleçam relações entre a geometria e o mundo físico que os rodeia, uma vez que os sólidos são figuras que normalmente estão presentes nos objetos e nos cenários com os quais as crianças têm contato, tais como embalagens, construções, esculturas e brinquedos.

Trabalhar desde a Educação Infantil com sólidos geométricos também permite o desenvolvimento de um vocabulário específico sobre suas características – faces, vértices, arestas, nomes dos sólidos – e a percepção da relação entre figuras planas e não planas. Enquanto manipula, constrói e representa objetos tridimensionais e a partir das intervenções que o professor faz, problematizando cada atividade, a criança descobre formas, percebe dimensões, observa semelhanças e diferenças, desenvolve noções de perspectiva, nota que alguns sólidos são limitados somente por figuras planas, enquanto outros são arredondados. Posteriormente, tais percepções serão úteis ao aluno na elaboração de relações geométricas mais sofisticadas.

As primeiras noções sobre sólidos desenvolvem-se através de experiências com objetos presentes no cotidiano do aluno: brinquedos, sucatas, blocos de construções, bolas, cubos e caixas. Depois é que são propostas explorações mais direcionadas à identificação e à organização das primeiras propriedades de alguns sólidos.

A seguir, apresentamos os sólidos que utilizaremos no trabalho com figuras e formas na Educação Infantil, bem como algumas de suas características:

Corpos redondos	
Nome do sólido	Características
Cilindro	Limitado por uma superfície lateral curva e por dois círculos.
Esfera	Tem uma superfície que é curva.

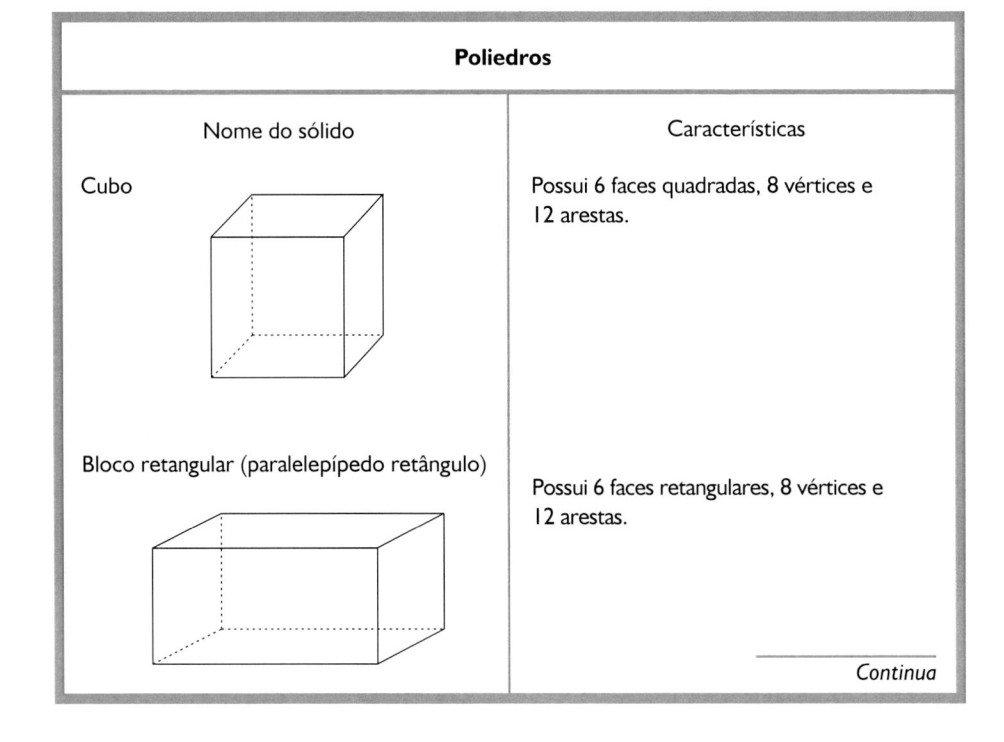

Poliedros	
Nome do sólido	Características
Cubo	Possui 6 faces quadradas, 8 vértices e 12 arestas.
Bloco retangular (paralelepípedo retângulo)	Possui 6 faces retangulares, 8 vértices e 12 arestas.

Continua

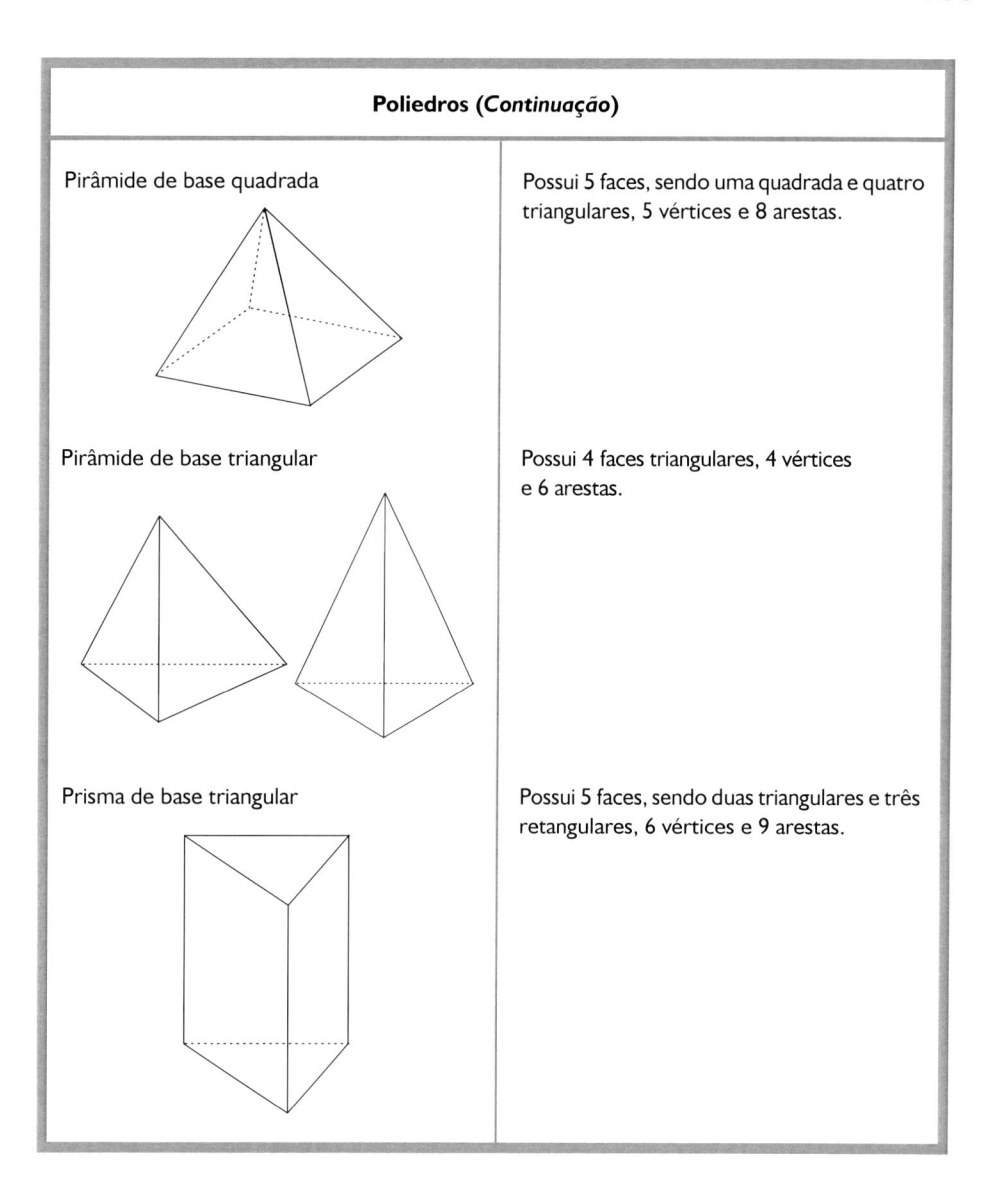

Poliedros (*Continuação*)	
Pirâmide de base quadrada	Possui 5 faces, sendo uma quadrada e quatro triangulares, 5 vértices e 8 arestas.
Pirâmide de base triangular	Possui 4 faces triangulares, 4 vértices e 6 arestas.
Prisma de base triangular	Possui 5 faces, sendo duas triangulares e três retangulares, 6 vértices e 9 arestas.

Vejamos abaixo como identificar faces, vértices e arestas nos poliedros:

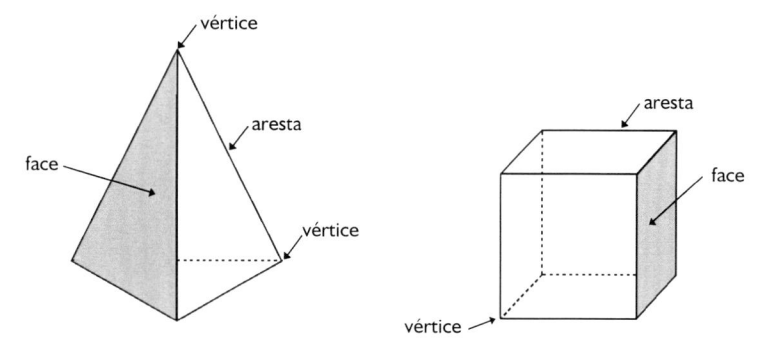

Face: cada uma das superfícies na forma de polígono que delimita o poliedro.
Aresta: segmento de reta em que duas faces encontram-se.
Vértice: ponto no qual três ou mais arestas encontram-se.

A seguir, apresentaremos as primeiras atividades a serem propostas aos alunos. Elas têm como objetivo oportunizar um primeiro contato das crianças com os sólidos através da manipulação e da observação de objetos bastante distintos entre si, mas também sólidos que ja são familiares aos alunos, como é o caso da esfera e do cubo.

Empilhando cubos

4 anos

Para realizar esta atividade, cada dupla de alunos necessita de seis a dez cubos[1] nas cores vermelha, azul e amarela.

---

[1] Podem ser utilizados cubos de madeira ou feitos de papel a partir dos moldes apresentados no Anexo 6.

Em um primeiro momento, os alunos brincam livremente com o material e depois o professor pede que montem torres com os cubos. Quando as torres estiverem construídas, o professor questiona:

- Como fizeram para montar as torres?
- Quais cores utilizaram?
- Quantos cubos usaram?

Essa conversa auxilia os alunos a expressar sua percepção sobre como encostar os cubos para fazer o empilhamento, compreendendo que devem encostar as faces para que a torre equilibre-se. Caso seja necessário, as crianças podem ser auxiliadas na contagem e na identificação das cores.

Durante a conversa sobre a atividade, é possível também informar aos alunos que os blocos que utilizaram são conhecidos como cubos. Nesse momento, o professor pergunta quem conhece um objeto que se pareça com o cubo, solicitando que falem sobre suas percepções. Algumas respostas que podem surgir são que ele se parece com um dado, ou com o quadrado, e que tem pontas ou cantos. Embora nem sempre precisas, tais observações são essenciais para que os alunos aprofundem posteriormente sua compreensão sobre o cubo e desenvolvam uma linguagem geométrica correspondente aos sólidos.

Brincando com esferas

4 anos

São dadas aos alunos bolas de isopor ou borracha, em tamanhos diferentes, ou outro material qualquer para que eles brinquem livremente. Após algum tempo, o professor conversa com a classe sobre a brincadeira e sobre as bolas, podendo organizar um texto coletivo ou um desenho para registrar o que os alunos perceberam enquanto brincavam. Pode informar que as bolas também são conhecidas como *esferas*. Vejamos um texto produzido por crianças de quatro anos após realizarem essa atividade:

TEXTO COLETIVO

A BOLA

A BOLA SERVE PARA BRINCAR E JOGAR.
A BOLA ROLA E NÃO TEM PONTA. ELA PODE TER DESENHOS OU NÃO.
É PRECISO TOMAR CUIDADO COM A BOLA DURA NA HORA DE JOGAR, PARA ELA NÃO BATER E MACHUCAR O AMIGO.
A BOLA É REDONDA, DE BORRACHA E PODE SER LEVE OU PESADA.
EM ALGUMAS BOLAS, QUANDO A GENTE BATE A MÃO ELAS FAZEM BARULHO.
TODAS AS BOLAS PULAM E PODEM SER GRANDES OU PEQUENAS.
É MUITO LEGAL BRINCAR COM BOLAS.

INFANTIL II

Siga o mestre

4 anos

Para desenvolver esta atividade, são necessários seis bolas de gude, de borracha ou de isopor e seis cubos para cada dupla de alunos, que devem ir seguindo as ordens do mestre, que pode ser o professor ou uma outra criança previamente escolhida:

- O mestre disse para rolar a bola (esfera) no chão.
- O mestre disse para rolar o cubo no chão.
- O mestre disse para passar a mão no objeto que não tem nenhuma pontinha.
- O mestre disse para passar a mão no cubo.
- O mestre disse para empilhar as bolas (esferas)
- O mestre disse para empilhar os cubos.

Ao final de todas as propostas, o professor conversa com a classe sobre o que fizeram, estimulando a verbalização, ou mesmo a expressão através de gestos, de algumas relações percebidas ou das ordens impossíveis de serem cumpridas, tais como:

- A bola não tem ponta porque é redondinha.
- Não dá para empilhar a bola porque ela escorrega.
- Dá para empilhar o cubo colocando um em cima do outro.
- O cubo tem pontas, cantos, e a bola não.

Essas e outras observações dos alunos permitem que eles progressivamente percebam algumas das características do cubo e da esfera.

Uma última recomendação ao professor é que use o nome esfera junto com bola, que é comum entre os alunos, para que eles relacionem os dois ao mesmo sólido geométrico.

Procurando formas

4 anos

Para esta atividade, solicitamos aos alunos que tragam de casa objetos, frutas ou brinquedos que tenham a forma esférica (bola). Quando trouxerem os materiais, o professor organiza uma roda para que todos possam expor seus objetos, montando, se possível, uma exposição na classe com tudo o que foi trazido pelos alunos.

A classe elabora coletivamente uma lista com o título "O que se parece com uma esfera", que pode ser ilustrada com recortes de objetos de revista ou com desenhos dos alunos. A lista pode ser afixada próxima à exposição de objetos e depois ficar à disposição dos alunos para que consultem sempre que for necessário:

LISTAGEM COLETIVA

"O QUE SE PARECE COM UMA ESFERA?"

- A BOLA;
- A LARANJA;
- O LIMÃO;
- O BRIGADEIRO;
- O BEIJINHO;
- O BOLINHO DE QUEIJO;
- O SALGADINHO "CHEETO'S BOLA";
- A BOLINHA DE GUDE;
- O CHICLETE "BOLÃO";
- A TAMPINHA DO PERFUME;
- A BOLINHA DO PIRULITO;
- UM BRINCO DE BOLINHA;
- A BOLINHA DE PUXAR A GAVETA;
- O LUSTRE DO BANHEIRO.

TURMA: INFANTIL III
PROFESSORA ALESSANDRA

Durante a conversa sobre o que foi trazido, o professor deve ficar atento para objetos que as crianças encontram que são redondos, mas que não têm a forma esférica. Isso ocorre porque, nessa faixa etária, os alunos identificam formas por seus aspectos visuais e não por suas propriedades; assim, é comum que tragam apenas a tampa de um pote, que é uma representação de círculo, ou um objeto oval simplesmente porque são redondos como a bola.

Se isso ocorrer, é preciso questionar os alunos e a melhor forma de propor a problematização é ter uma bola como modelo para que eles possam manusear e comparar com o objeto trazido, percebendo as diferenças entre essas formas.

Descubra como continua

5 anos

Os desenhos a seguir são representações de uma atividade de sequência envolvendo cubos:

Com os alunos em círculo, o professor apresenta o início de uma sequência.[2] O problema que as crianças terão que resolver é como continuar a montagem iniciada. Quem for descobrindo coloca os cubos para completá-la.

Quando o professor organizar a sequência, deve ter o cuidado de deixar claro qual é o padrão de repetição que utilizou. Assim, se na sequência o padrão for dois vermelhos, um azul, dois amarelos, para que as crianças percebam a regularidade e continuem a sequência, o começo mínimo indicado pelo professor precisa ser: dois vermelhos, um azul, dois amarelos, dois vermelhos, um azul, dois amarelos, dois vermelhos, etc.

No início, os padrões podem ser mais simples, tornando-se mais complexos à medida que os alunos identificam a organização das sequências com facilidade. Por exemplo, é possível uma problematização na qual o professor peça aos alunos que fechem os olhos e retire uma parte da sequência. As crianças, então, abrem os olhos e respondem a problemas como:

---

[2] Para realizar esta atividade, é importante que as crianças tenham vivenciado aquelas que indicamos quando falamos sobre sequências com o corpo, no Capítulo 3.

- Qual parte da sequência foi retirada?
- Quantos cubos foram retirados?
- Em que lugar devemos colocar os objetos retirados para obtermos a sequência original?

Os alunos devem ser encorajados a justificar suas respostas oralmente e a criar suas próprias sequências.

Faça uma igual

4 anos

As atividades que envolvem reprodução de configurações e arranjos feitos com objetos auxiliam os alunos a perceber relações de proximidade, separação, ordem e posição.

Em um lugar bem visível da classe, o professor faz uma construção utilizando cubos da mesma cor. Essa construção deverá ser reproduzida pelos alunos.

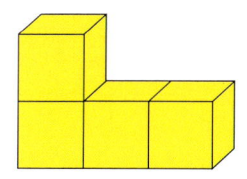

Para auxiliar as crianças em sua construção, o professor pergunta:

- Quantos cubos foram usados na construção?
- O que você fez está igualzinho ao modelo?

É preciso que os primeiros arranjos sejam mais simples e utilizem cubos de uma mesma cor. Posteriormente, a atividade deve ser repetida com variação da posição e da quantidade dos cubos:

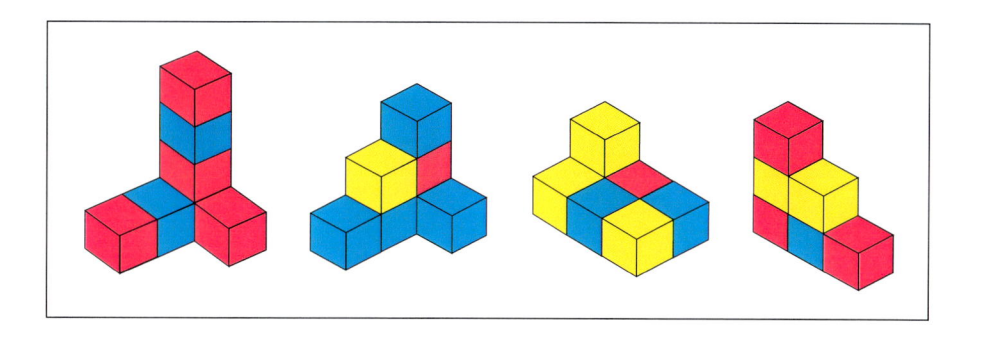

A cada variação, os alunos serão levados a pensar sobre distâncias, posição, direção e sentido. Conforme consigam reproduzir a configuração com mais facilidade, o professor pode criar novos desafios, variando a cor dos cubos, alterando distâncias e direções ou mesmo utilizando cubos e esferas ou outros sólidos.

Os alunos também podem ser estimulados a representar suas construções por meio de desenhos. No início, eles fazem representações utilizando quadrados:

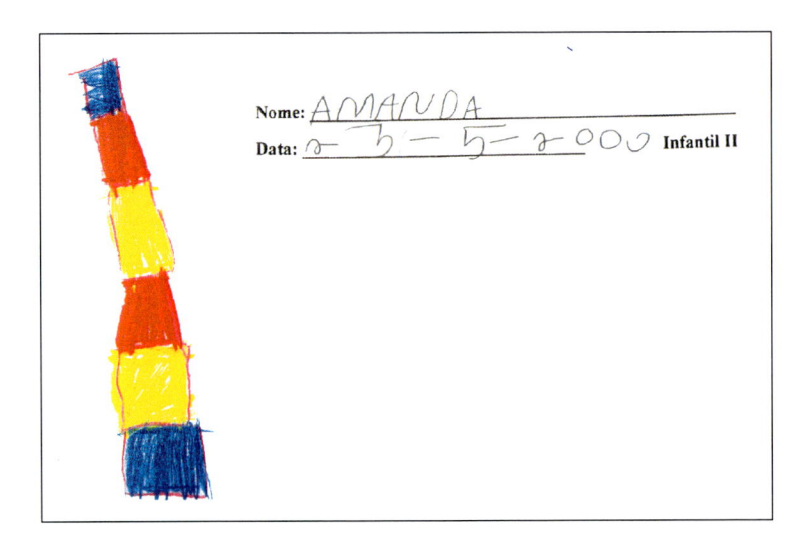

Depois, tentam reproduzir a espessura do cubo e iniciam uma tentativa de representação em perspectiva:

Brincando com embalagens

5 anos

É importante que, desde as primeiras experiências com a geometria, os alunos familiarizem-se com as formas presentes em seu cotidiano, como aquelas encontradas nas embalagens. Explorar objetos livremente, fazer montagens e desmontar caixas permite às crianças estabelecerem relações de semelhanças, perceberem diferenças, compararem tamanhos. Mais que isso, esse tipo de exploração possibilita novas percepções sobre os sólidos e amplia o conhecimento dessas formas pelos alunos para além do cubo e da esfera.

As próximas atividades podem ser realizadas por alunos a partir dos cinco anos e têm como objetivos fazer com que eles percebam a geometria presente em seu mundo, identifiquem figuras planas em objetos tridimensionais, desenvolvam a memória e a discriminação visual, aprimorem noções de posição e sentido, adquiram um vocabulário referente às noções espaciais e às formas geométricas, percebam as figuras planas nos sólidos e identifiquem propriedades como faces e vértices nas figuras tridimensionais.

Fazendo um brinquedo

5 anos

Para esta atividade e as próximas, é interessante que o professor organize com a classe uma caixa de sucatas contendo embalagens variadas, providenciando também cola, tesoura, papéis coloridos, pincéis e tintas que serão utilizados em muitas das propostas.

A classe é dividida em duplas ou em grupos de quatro e o professor, após deixar que os alunos manipulem a sucata livremente, pede que os alunos construam um brinquedo com algumas das embalagens. Eles podem encapar ou pintar as caixas e potes que serão utilizados.

Quando os alunos concluírem suas construções, o professor organiza com eles uma exposição dos trabalhos, pedindo que cada dupla ou grupo conte o que construiu, dizendo que tipo de embalagem utilizou e como fez o brinquedo. Vejamos algumas construções feitas por crianças de cinco anos:

Enquanto constroem o brinquedo, é comum que os alunos utilizem expressões como: "me passe um redondo", ou "vamos colar um grande e um pequeno", ou "para ficar certo precisa colar retângulo com retângulo". Essas falas ilustram a percepção que os alunos vão adquirindo sobre as formas enquanto brincam. É interessante que, ao final da atividade, o professor conduza uma conversa sobre como produziram seus brinquedos, que dicas poderiam dar para uma que desejasse fazer um igual, etc. Também é possível propor a elaboração de um texto com instruções para a construção do brinquedo.

Inventando histórias

5 anos

Usando os brinquedos construídos na atividade anterior, os alunos elaboram uma história que depois será contada em voz alta para a classe toda. As histórias podem ser escritas em um papel pelo professor e ilustradas com desenhos pelas crianças.

O texto pode ser feito coletivamente, com o professor assumindo o papel de escriba, ou individualmente se os alunos já escrevem. Dissemos antes que escrever em uma atividade auxilia os alunos a organizar suas reflexões, registrar suas dúvidas e aprendizagens, e nossa experiência tem mostrado que uma boa estratégia para despertar o desejo de escrever entre os alunos na Educação Infantil é propor produções de textos nas quais eles possam soltar sua imaginação, sua fantasia, solicitando que escrevam histórias, mesmo que não tenham relação direta com assuntos matemáticos. Vejamos uma história desse tipo produzida por alunos de seis anos:

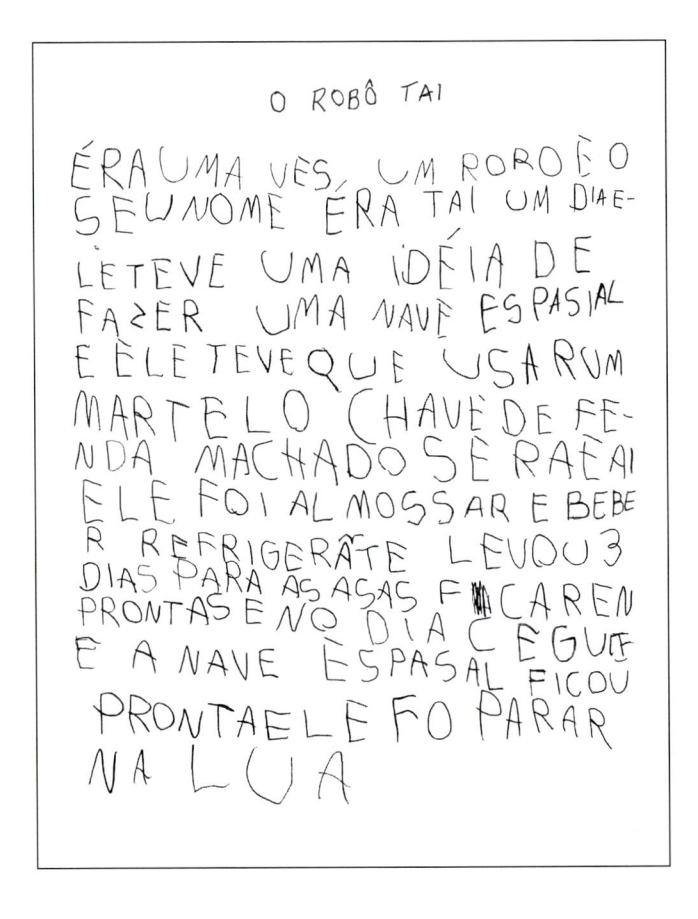

> O ROBÔ TAI
>
> ÉRA UMA VES, UM ROBOÊO SEU NOME ÉRA TAI UM DIA ELE TEVE UMA IDÉIA DE FAZER UMA NAVE ESPASIAL E ÈLE TEVE QUE USAR UM MARTELO CHAVE DE FENDA MACHADO SE RAÊAI ELE FOI ALMOSSAR E BEBER REFRIGERATE LEVOU 3 DIAS PARA AS ASAS FICAREN PRONTAS E NO DIA CEGUI E A NAVE ESPASAL FICOU PRONTA ELE FO PARAR NA LUA

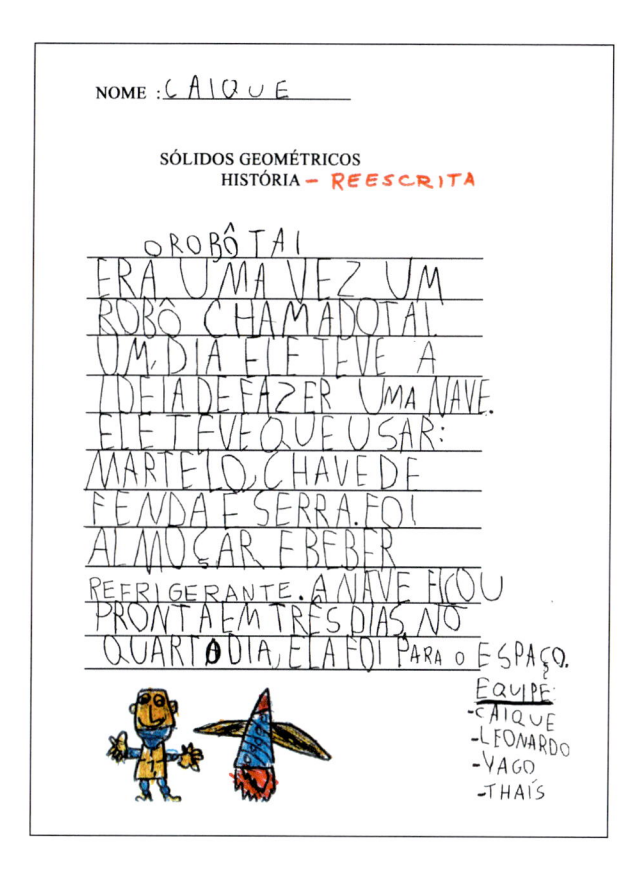

ERA UMA VEZ UM ROBÔ CHAMADO TAI. UM DIA ELE TEVE A IDEIA DE FAZER UMA NAVE.

ELE TEVE QUE USAR: MARTELO, CHAVE DE FENDA E SERRA. FOI ALMOÇAR E BEBER REFRIGERANTE. A NAVE FICOU PRONTA EM TRÊS DIAS. NO QUARTO DIA ELE FOI PARA O ESPAÇO.

Recortando embalagens

5 anos

Um dia antes de realizar esta atividade, o professor pede aos alunos que encontrem entre as sucatas uma caixa que possam desmontar. No dia seguinte, cada criança deve recortar sua caixa nas dobras, de modo que nenhuma parte fique emendada na outra.

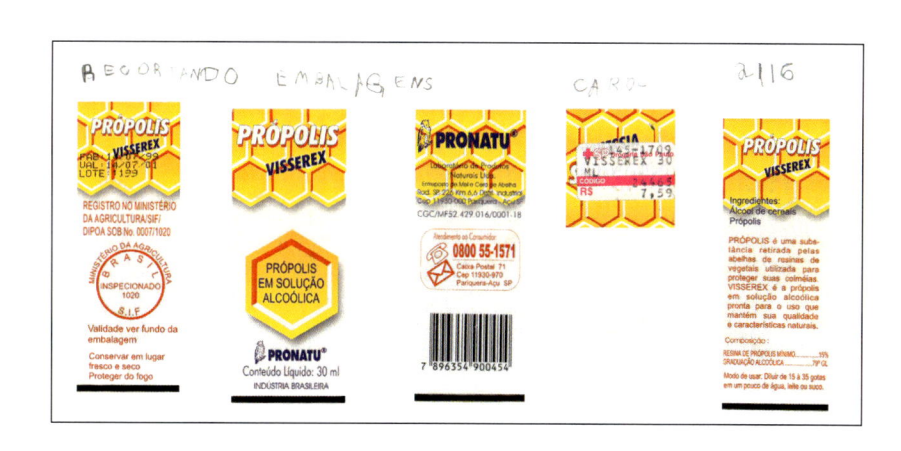

Feito isso, colam as partes da caixa em uma folha e um grande painel é organizado na classe com as colagens de todos os alunos.

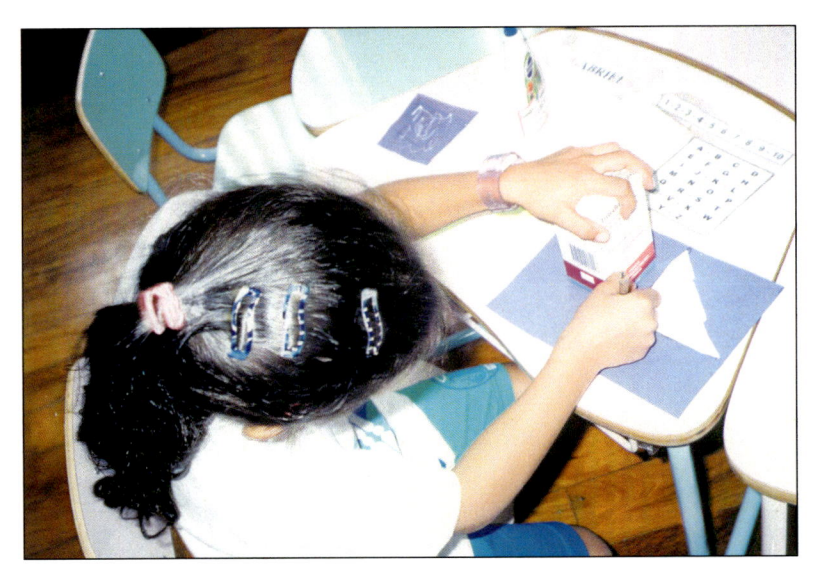

O professor conversa com a turma, pedindo que cada um diga quais as formas que encontrou em sua caixa, e organiza uma lista na qual apareça o uso da caixa e as respectivas figuras que a compõem:

Caixa	Figuras
Remédio	Quadrados e retângulos
Chocolate	Triângulos e retângulos
Sabão em pó	Retângulos
Batata	Círculos e retângulo

Desmontando uma caixa

6 anos

Esta atividade é mais indicada para crianças a partir dos seis anos e tem como finalidade que os alunos construam, representem e identifiquem figuras geométricas.

O professor pede, com alguma antecedência, que os alunos tragam duas ou três caixas vazias de creme dental ou uma embalagem de remédio. Quando trouxerem as caixas, devem compará-las e organizá-las de modos diversos, como por tamanho ou marca.

Após essa primeira exploração, solicitamos aos alunos que cada um desmonte sua caixa sem rasgá-la, de modo que fique aberta em um molde como o abaixo, ou parecido com ele:

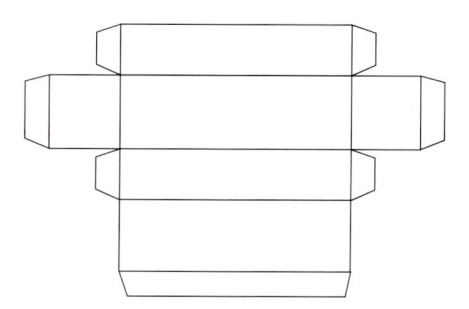

Depois de aberta a caixa os alunos devem recortar as abas que apenas servem para mantê-la fechada, de modo a obter moldes como:

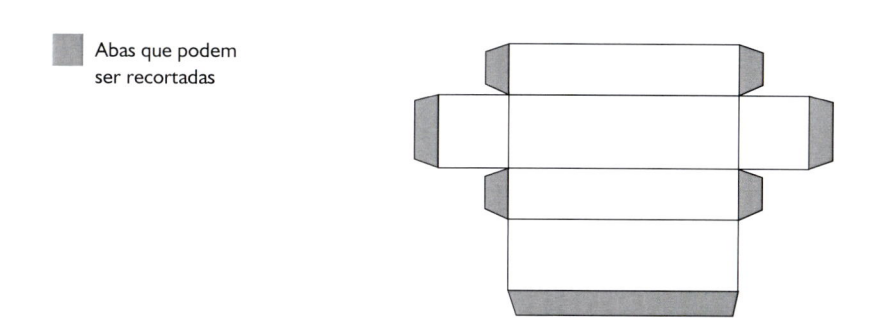

■ Abas que podem ser recortadas

Outro dia, o professor conduz uma discussão com a classe, propondo as seguintes problematizações a partir do molde:

– Quantas partes vocês veem no molde?
– Como são essas partes?
– Há alguma figura que vocês conhecem e que aparecem nas partes da caixa?
– Pintem de cores iguais as partes iguais.
– O que representam as dobras que aparecem no molde?

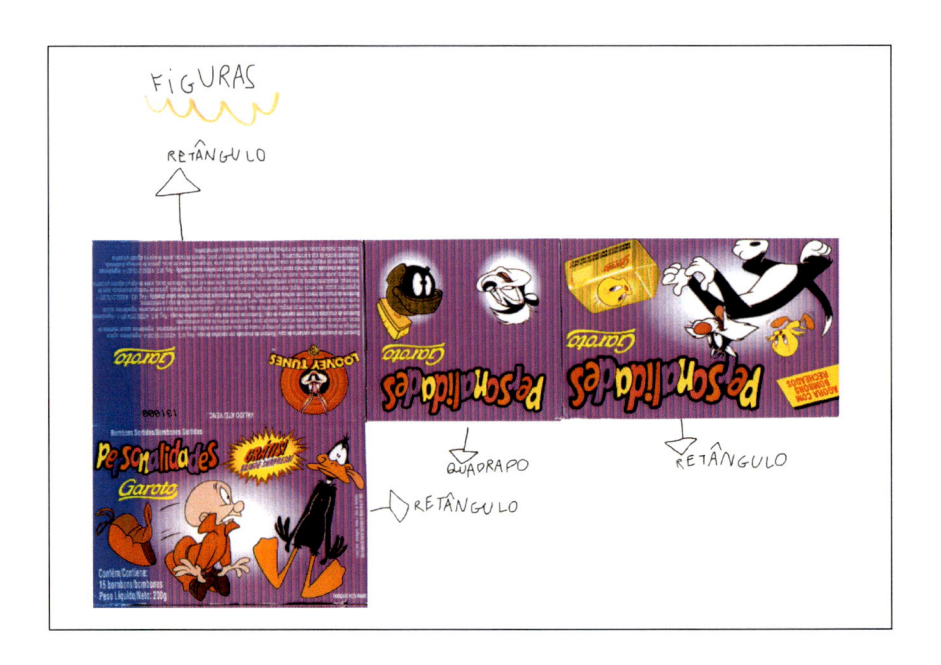

Em seguida, os alunos podem fazer um desenho do molde em uma folha de sulfite. Esperamos que eles percebam que as partes da caixa são figuras conhecidas, que as linhas de dobra representam as junções entre as partes da caixa quando fechada e, finalmente, que tenham um primeiro contato com a planificação de um sólido geométrico.

Conhecendo os sólidos

6 anos

Além dos objetos do cotidiano, os alunos podem ampliar seus conhecimentos sobre formas tridimensionais realizando atividades com materiais especialmente preparados para isso. Nesse caso, sólidos geométricos[3] de madeira ou de papel são ideais para trabalhar com os alunos:

---

[3] Estes materiais podem ser adquiridos comercialmente ou construídos a partir dos moldes apresentados no Anexo 7.

De modo similar ao que sugerimos para os blocos lógicos, as primeiras atividades com os sólidos devem ser de exploração livre, permitindo que os alunos façam construções, empilhamentos e outros arranjos que desejarem. Ao final dessas explorações, eles podem ser estimulados a representar os arranjos que fizeram em forma de desenho. Desenhar, brincar e organizar sequências com os sólidos auxilia os alunos a perceber características relativas ao tamanho desses sólidos, às figuras que os compõem e às suas pontas (vértices). Vejamos a seguir alguns desenhos feitos por crianças de seis anos:

Organizando caixas

6 anos

O professor organiza a classe em grupos de quatro, dando a cada grupo algumas caixas e um conjunto com os seguintes sólidos: um cubo, duas pirâmides, um bloco retangular, uma esfera cilindro e um prisma triangular.

Cada grupo deve organizar seu material como se possuísse uma loja onde são vendidas caixas. A proposta é que pensem em uma arrumação de modo que, quando um freguês pedir uma determinada caixa, seja fácil encontrá-la. Quando concluírem a arrumação, os grupos explicam uns aos outros como organizaram suas lojas.

Como o objetivo dessa atividade é estimular os alunos a escolherem critérios diversos para classificar formas, perceberem semelhanças entre algumas figuras segundo suas propriedades, sugerimos que o professor observe os critérios escolhidos pelos alunos, verificando se entre eles surgem respostas como: "Organizamos pela cor", "Separamos os pontudos dos que não têm ponta", "Separamos pelo tamanho", "Juntamos todos que têm triângulos, todos os que têm quadrado e todos os que têm retângulo", "Separamos os redondos". Essas justificativas indicam que os alunos começam a analisar os sólidos por suas características e a perceber neles as primeiras propriedades.

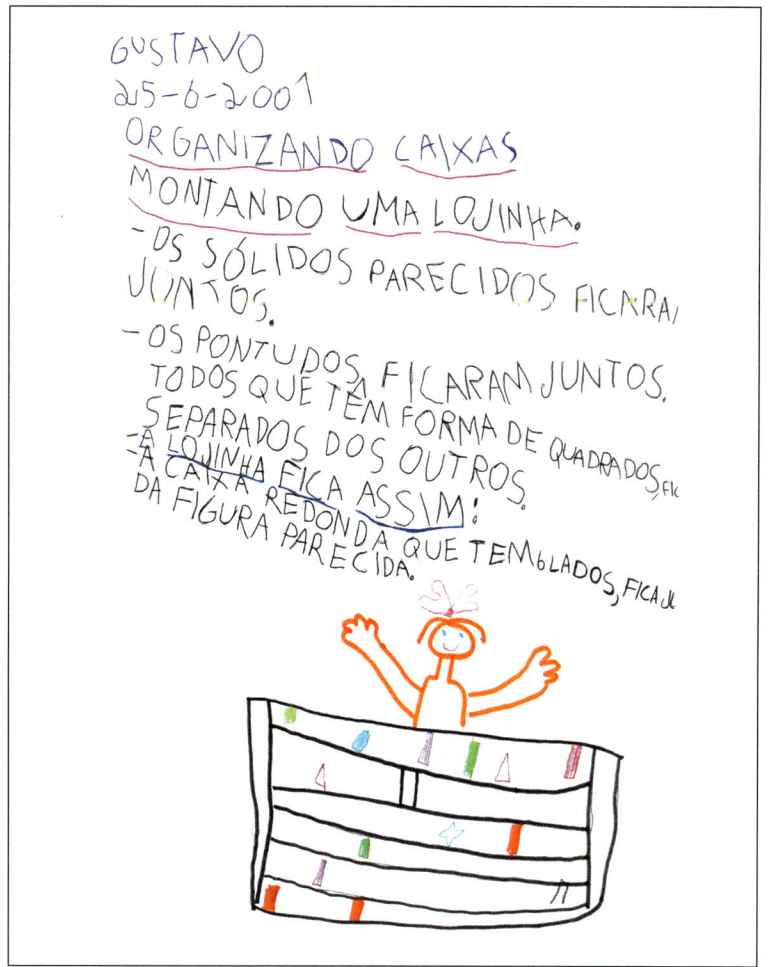

Montando o cubo

6 anos

Com esta atividade, começamos um trabalho com vistas às primeiras sistematizações sobre as propriedades de sólidos geométricos que escolhemos trabalhar na Educação Infantil, em especial faces, vértices e representações por desenho ou planificações. A *planificação* de um poliedro é a representação plana do sólido, em que cada face do poliedro aparece ligada por um lado a alguma outra face, funcionando como um molde que pode reproduzir o poliedro. No Anexo 6 são apresentadas algumas planificações diferentes do cubo que podem ser utilizadas nessa atividade.

Para a sua realização, serão necessários um cubo pronto para cada grupo de quatro crianças, um molde diferente do cubo em cartolina para cada criança, tesoura e fita adesiva.

Com os alunos organizados em grupos de quatro, o professor pede que observem os moldes que possuem, comparem o seu com o dos colegas e pergunta:

- Como eles são formados?
- No que eles são diferentes?
- No que se parecem?

O objetivo é que percebam que todos são formados por quadrados iguais unidos por um lado, diferenciando-se apenas quanto à disposição pela qual são unidos.

Então, o professor explica que, assim como a caixa que eles desmontaram anteriormente, o cubo também possui molde, e cada criança tem na verdade um molde diferente do cubo, que deverá utilizar para montar um igual àquele que está sobre a mesa. O professor pode discutir com eles como acham que formarão o cubo, deixando que descubram como dobrar e unir as faces com a fita adesiva para obter a figura desejada.

Quando conseguirem montar os cubos, o professor pode pedir para que:

- Contem os vértices (pontas, bicos).
- Façam uma marca diferente em cada quadrado que aparece no cubo.
- A partir das marcas, descubram quantos quadrados (faces) formam o cubo.
- Desenhem o cubo depois de pronto.

Para finalizar a atividade, pode ser organizado na classe um painel cujo título é: O que sabemos sobre o cubo. Esse painel pode conter um cubo colado, as planificações que o professor utilizou, além de todas as informações que os alunos desejarem acrescentar.

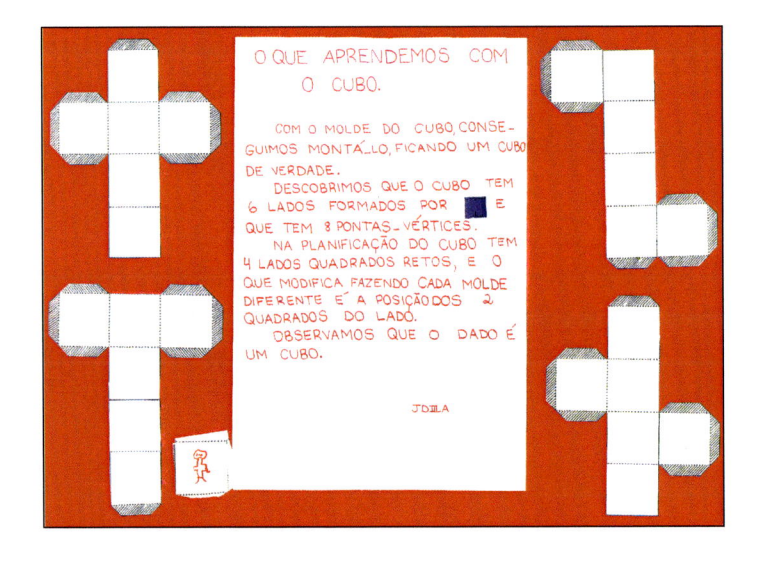

Cubo de varetas

6 anos

A ideia central desta atividade é continuar estudando o cubo, destacando agora os vértices e as arestas não apenas como nomes, mas também como elementos geométricos que compõem os poliedros. Para realizar a atividade, será necessário um cubo pronto, palitos de churrasco (ou canudo de refrigerante) e massa de modelar ou bolas de isopor para cada dupla de alunos.

A tarefa das duplas é montar um cubo com as varetas e massa de modelar ou bolas de isopor para os vértices:

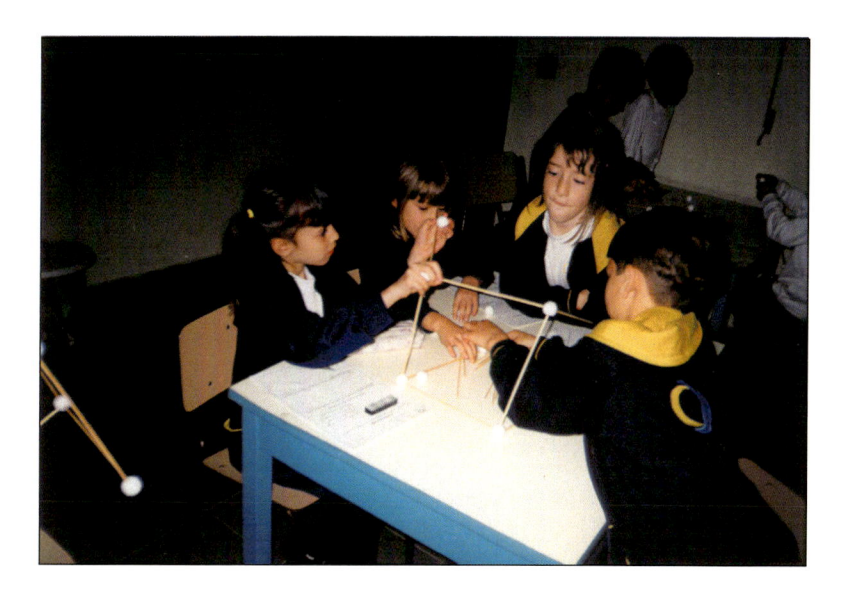

Com essa atividade, os alunos começam a perceber características do cubo, como o fato de ter oito vértices e todas as arestas possuírem o mesmo tamanho. Há alunos que chegam a medir o tamanho da aresta do cubo pronto para cortar o canudinho ou a vareta no tamanho desejado.

Ao término da atividade, podemos pedir aos alunos para contar como construíram seus cubos, discutir o que a massa de modelar (ou as pequenas bolas de isopor) representa e quantas varetas foram utilizadas na construção.

Também é interessante pedir que façam desenhos da construção:

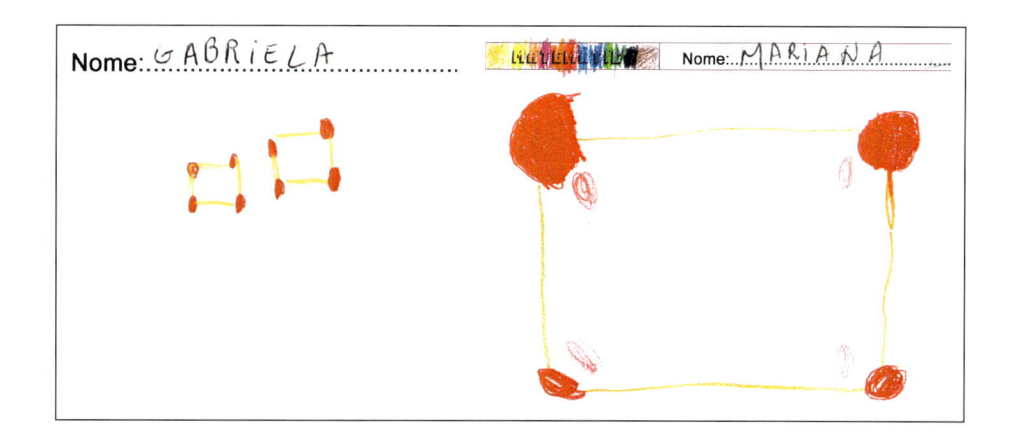

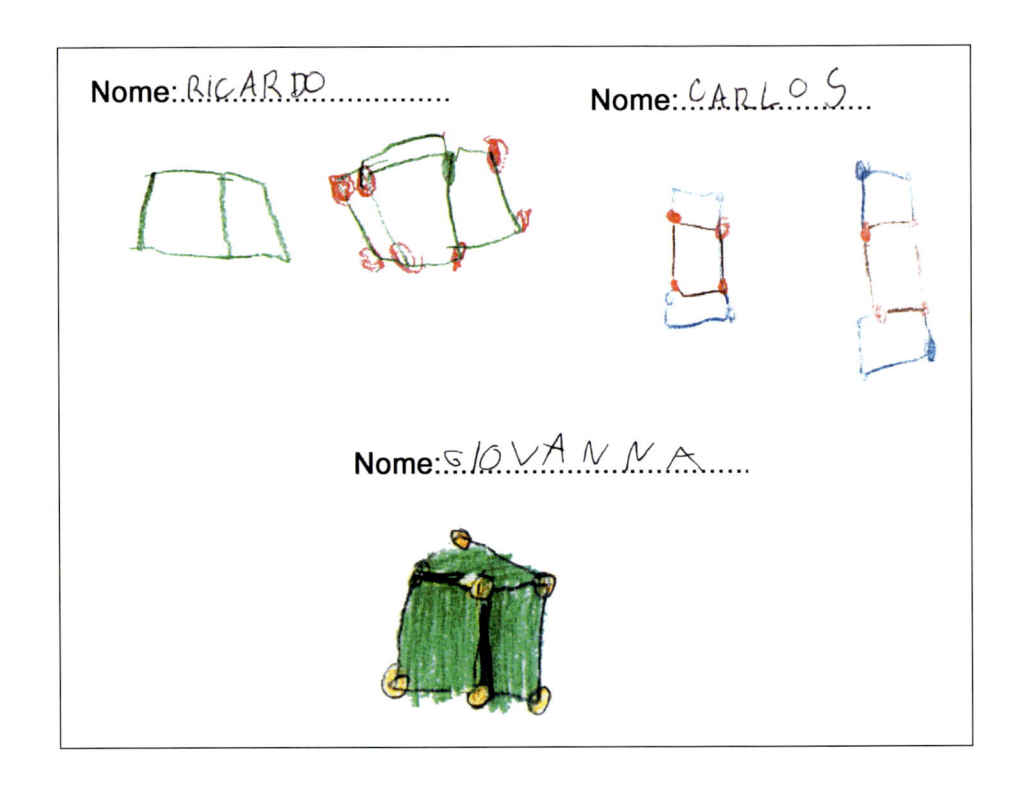

Podemos observar nos desenhos as tentativas de perspectiva, o destaque dado aos vértices e às arestas. Em particular, merecem um comentário especial os desenhos de Gabriela e Mariana, nos quais podemos reparar a representação clara dos oito vértices do cubo, embora ainda não tenham conseguido representar o cubo inteiro. Já os desenhos de Ricardo e Carlos indicam, além dos vértices, a tentativa de representar as faces.

Nessa classe, após os desenhos estarem concluídos, a professora expôs todos eles e pediu aos alunos que comentassem cada um, discutindo o que eles mostravam do cubo, o que faltava em cada um, o que tinham de semelhante e diferente. Vejamos algumas das observações das crianças:

> **Andressa:** Eu fiz as linhas e depois coloquei as bolinhas, as bolinhas de fora são as de trás. Mariana olhou o meu e fez igual.
>
> **Carlos:** O Brenno não colocou todas as pontas, só pôs 4.
>
> **Gabriela:** O da Giovana está mais certinho de todos porque ela não fez separado, fez juntinho e a gente fez separado um do lado do outro.
>
> **Carlos:** O meu, o do Caio, da Gabriela e da Giovana mostra todas as pontas.
>
> **Giovana:** Eu fiz um quadrado em cima, um do lado e outro do outro.

Essa discussão permite a cada aluno não apenas refletir sobre seu desenho, como também aprender com a estratégia das outras crianças, especialmente aquela utilizada por Giovana.

Essa atividade pode ser repetida para a pirâmide de base quadrada e para o bloco retangular.

Construindo uma pirâmide

6 anos

Para realizar esta atividade, são necessárias uma pirâmide de base quadrada e uma cópia em cartolina das figuras mostradas no Anexo 8 para cada dupla de alunos.

Em um primeiro momento, o professor distribui a pirâmide já montada aos alunos e conversa com eles sobre o sólido:

- Qual é o nome da figura?
- Alguém tem em casa um objeto que se pareça com ela?
- Quantos vértices (pontas) ela tem?
- Como são as figuras que aparecem na pirâmide?

Após essa conversa, o professor distribui entre os alunos a cópia do Anexo 8 em cartolina e propõe os seguintes problemas:

- Que figuras aparecem na folha?
- Quais dessas figuras podem ser utilizadas para construir a pirâmide?
- Vocês recortarão as figuras que aparecem na pirâmide de base quadrada e com elas construirão uma nova pirâmide, usando fita adesiva para ligar as partes.

O professor deve acompanhar as duplas para observar como elas resolvem os problemas propostos: Identificam facilmente as figuras? Utilizam como referência a pirâmide montada? Colam as peças lado a lado? Fazem um molde antes de montar?

Ao final do trabalho, é interessante que as diversas formas de resolver o problema sejam socializadas entre os alunos para que possam discutir caminhos possíveis. Caso alguma dupla tenha feito um molde para a pirâmide, deve socializar com o restante do grupo, que pode tentar descobrir outros moldes possíveis.

Os alunos podem desenhar as pirâmides que construíram:

E depois montar um cartaz para a pirâmide, semelhante àquele que fizeram para o cubo. Também é interessante que o professor traga, ou solicite aos alunos, livros que falem sobre pirâmides.[4]

Modelando formas

6 anos

O professor distribui um cilindro, um cubo, um bloco retangular, uma esfera, uma pirâmide e argila ou massa de modelar para cada grupo de quatro alunos. A tarefa consiste em cada criança escolher uma das formas e moldá-la utilizando a argila ou a massa de modelar.

Moldar os sólidos em argila permite que os alunos pensem sobre suas características: Como são as faces? A figura é arredondada? Quantos vértices ela tem? Não tem cantos, etc. Assim, se eles ficarem envolvidos com esse trabalho, repita-o outras vezes até que todos tenham modelado o conjunto completo dos sólidos que sugerimos.

O professor também pode propor que os alunos deixem as figuras secarem e que depois cada um pinte seu conjunto de sólidos conforme desejar. Ao final, é interessante organizar uma exposição com as figuras já decoradas.

---

[4] Sobre isso, ver Patilla, P. *Triângulos, pirâmides & cones*. Editora Moderna, 1995.

Os alunos também podem produzir um texto com dicas para modelar formas geométricas, tal como o texto coletivo apresentado a seguir:

>
> **DICAS PARA MODELAR SÓLIDOS GEOMÉTRICOS**
>
> **BLOCO RETANGULAR** - PRIMEIRO A GENTE FAZ UM CILINDRO COM A MASSINHA. DEPOIS, VAI AMASSANDO DEVAGAR PARA FAZER AS FACES RETANGULARES E AS BASES QUADRADAS.
>
> **PIRÂMIDE** - PRIMEIRO A GENTE FAZ UMA COBRINHA COM A MASSINHA. DEPOIS, VAI AMASSANDO E APERTANDO A MASSA NA MESA PARA FAZER AS QUATRO FACES TRIANGULARES. PARA FAZER A PONTA É SÓ PUXAR A MASSA PARA CIMA E APERTAR.
>
> **CUBO** - FAZ UMA BOLA COM A MASSA. DEPOIS, VAI ACHATANDO DOS LADOS PARA FAZER AS FACES QUE SÃO QUADRADAS. PARA ENDIREITAR AS PONTAS, A GENTE ALISA AS FACES COM AS PONTAS DOS DEDOS.
>
> **CONE** - COMEÇA FAZENDO UMA BOLA COM A MASSA. DEPOIS, VAI ENROLANDO-A PARA AFINAR A PONTA. PARA FAZER A BASE, A GENTE BATE O LADO QUE NÃO TEM PONTA NA MESA.
>
> **CILINDRO** - PRIMEIRO A GENTE FAZ UMA COBRINHA COM A MASSA ENROLANDO-A NA MESA. COM ELA DE PÉ, BATER AS PONTAS PARA FAZER AS DUAS BASES.
>
> **PRISMA** - A GENTE FAZ UM CILINDRO, BATE NA MESA PARA FAZER AS TRÊS FACES, DEPOIS VAI ALISANDO PARA FAZER AS VÉRTICES E AS BASES.
>
> IDÉIAS DO JD III C
> 01/08/2000

Contornando Faces

6 anos

O professor distribui para cada aluno uma folha de papel e um destes poliedros: pirâmide, cubo, bloco retangular, prisma triangular. Cada criança deve contornar na folha todas as faces do seu poliedro e, dentro de cada face, escrever o nome da figura contornada. Quando terminar, o professor reúne a classe e problematiza com cada aluno:

- Qual o sólido que você explorou?
- Quantas figuras você desenhou? Quais são elas?
- Quantas pontas (vértices) tem o seu sólido?

Para finalizar, todos podem desenhar o poliedro no papel sulfite e escrever um nome para ele. As crianças podem inventar um e marcar o número de faces e o número de vértices. Gostaríamos de relembrar nossa indicação para que o tempo todo o professor respeite a linguagem dos alunos, porém utilize os nomes corretos das formas, das faces e dos vértices. Em uma outra oportunidade, o professor repete a atividade e os alunos trabalham com outros sólidos.

Quem tem?

6 anos

As crianças trabalham em grupos de quatro, e o professor dá a cada grupo um conjunto com os seguintes sólidos: um cubo, uma pirâmide de base quadrada, uma pirâmide de base triangular, um bloco retangular, uma esfera, um cilindro e um prisma triangular.

O professor pergunta, por exemplo:

– Quem tem um sólido no qual apareçam só quadrados?

As crianças devem procurar entre suas figuras uma com aquelas características. O professor discute a solução de cada grupo e, cada vez que mostrar uma figura que atenda às exigências, o grupo marca um ponto. Depois de cinco rodadas, o grupo com o maior número de pontos é o vencedor.

Outras perguntas que podem ser feitas:

- Quem tem um sólido que seja formado só por triângulos iguais?
- Quem tem um sólido no qual apareçam cinco figuras: dois triângulos e três retângulos?
- Quem tem um sólido no qual apareçam dois círculos?
- Quem tem um sólido sem nenhuma ponta e bem redondinho?
- Quem tem um sólido que seja formado por um quadrado e quatro triângulos iguais?

Depois de algum tempo, o professor pode fazer as seguintes modificações no jogo:

- Além de encontrar o sólido, o grupo deve contar quantos vértices ele tem.
- Além de encontrar o sólido, o grupo deve contar quantas faces ele tem.
- Procurar o sólido a partir de uma imagem mostrada pelo professor.

Outra variação pode ser obtida quando aumentamos o número de pistas:

- Quem tem um sólido com cinco faces, cinco vértices, no qual apareçam um quadrado e quatro triângulos?
- Procurem um sólido sem nenhuma ponta, redondo, no qual apareçam dois círculos iguais.

Finalmente, uma outra possibilidade é deixar que os alunos elaborem pistas uns para os outros.

Comparando formas

6 anos

O professor organiza a classe em duplas e dá a cada uma dois sólidos, por exemplo, um cubo e um bloco retangular. Os alunos, então, comparam os sólidos para descobrir entre eles semelhanças e diferenças. Após um tempo para que os alunos realizem as comparações, o professor organiza uma conversa sobre o que observaram e, posteriormente, produz com o grupo uma lista coletiva de semelhanças e diferenças. Os alunos podem copiar a lista e fazer um desenho dos sólidos que foram comparados.

No início, é comum que eles se detenham em aspectos físicos das formas, especialmente no referente à cor. Com o passar do tempo, com a proposição dessa atividade outras vezes e com outros sólidos, com a discussão das comparações mediadas pelo professor, espera-se que as percepções tornem-se mais elaboradas e passem a incluir pequenas propriedades, indicando um avanço da visualização para as primeiras análises. Vejamos registros de comparações desse tipo realizadas por alunos de seis anos:

> **COMPARANDO SÓLIDOS**
> KEVIN 21/01/2001
>
> **O QUE É PARECIDO**
> * OS DOIS TÊM QUADRADO
> * OS DOIS TÊM VÉRTICE
> * OS DOIS TÊM FACES
> * OS DOIS TÊM 4 VÉRTICES EMBAIXO
>
> **O QUE É DIFERENTE**
> * O CUBO TÊM 8 VÉRTICES E A PIRÂMIDE TÊM 5.
> * A PIRÂMIDE TÊM 4 TRIÂNGULO E 1 QUADRADO COMO FACES E O CUBO TÊM 4 QUADRADOS COMO FACES
> * A PIRAMEDE TÊM UM VERTICE QUE FICA MAIS ALTO

É interessante que a comparação seja estendida para embalagens e sólidos e sólidos e figuras planas: cubo e quadrado, retângulo e bloco retangular, triângulo e pirâmide. Nessa última variação, o objetivo é que os alunos percebam mais claramente a diferença entre figuras planas e não planas.

Essa sequência de atividades pretendeu mostrar um caminho possível para a exploração de figuras não planas na Educação Infantil. Algumas atividades podem ser propostas para crianças a partir de três ou quatro anos, como é o caso das atividades de percepção, empilhamentos, construção de brinquedos e até mesmo aquelas que envolvem a comparação de sólidos distintos, como, por exemplo, cubo e esfera.

Já as atividades que visam a evidenciar propriedades dos sólidos – requerendo, para isso, maior reflexão através de registros orais, desenhos ou escritos – ou ainda aquelas atividades que envolvem construções mais elaboradas são mais indicadas para crianças de cinco e seis anos.

No entanto, vale a pena lembrar que não se trata de realizar apenas essa sequência de atividades com objetos tridimensionais. O ideal é que as atividades com sólidos sejam intercaladas com outras relacionadas às figuras planas.

Assim, por exemplo, quando os alunos percebem o quadrado e o triângulo como faces de poliedros, é interessante que o professor proponha, em uma outra aula de geometria, que andem sobre essas figuras ou que as construam no geoplano. Quando a classe comparar cubo e pirâmide, em uma atividade posterior, os alunos podem comparar cubo e quadrado, triângulo e pirâmide ou mesmo quadrado e triângulo. Tais propostas visam a permitir que os alunos relacionem suas aprendizagens sobre todas essas figuras.

Finalmente, destacamos que, apesar de as várias atividades propostas neste livro também apresentarem o objetivo de desenvolver a noção de espaço, é o trabalho com sólidos geométricos que permite aos alunos avançarem além dos conceitos de direção, tamanho e forma para alcançar o conceito de dimensão, quando figuras planas e formas tridimensionais compõem-se em novas relações, permitindo que eles adquiram uma percepção mais detalhada do espaço que os cerca.

ANEXO 6 – Moldes para o cubo

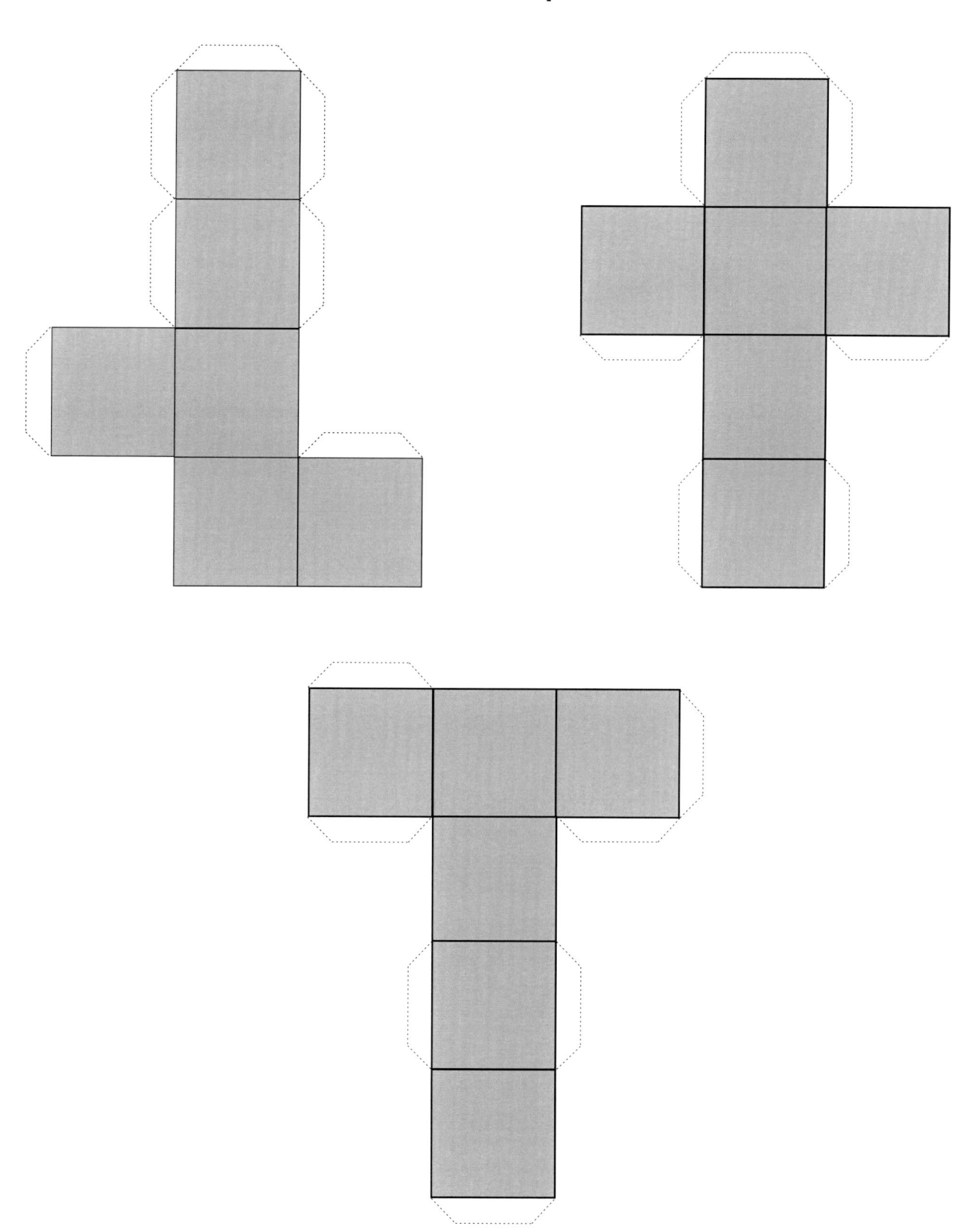

ANEXO 7 – Moldes para os sólidos geométricos

Atenção professor: estes moldes devem ser ampliados para serem utilizados pelos alunos.

Cilindro

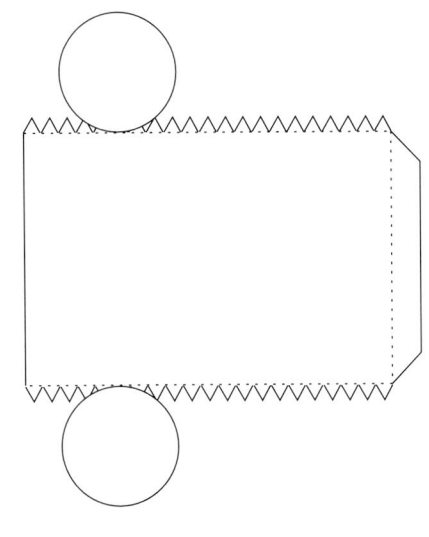

Pirâmide de base triangular

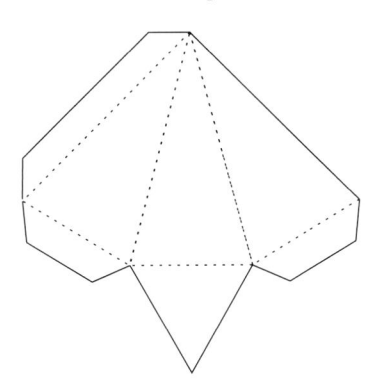

Pirâmide de base quadrada

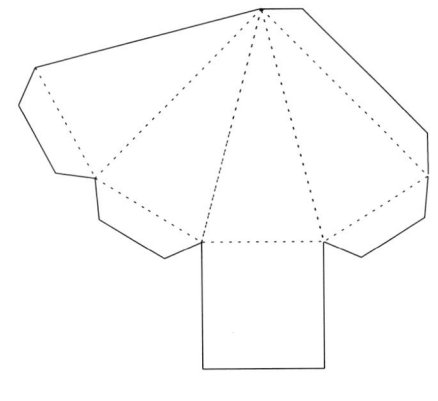

Bloco retangular (prisma retangular)

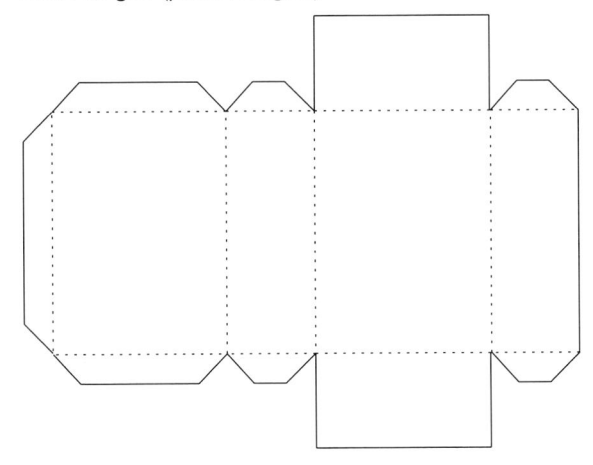

Prisma de base triangular

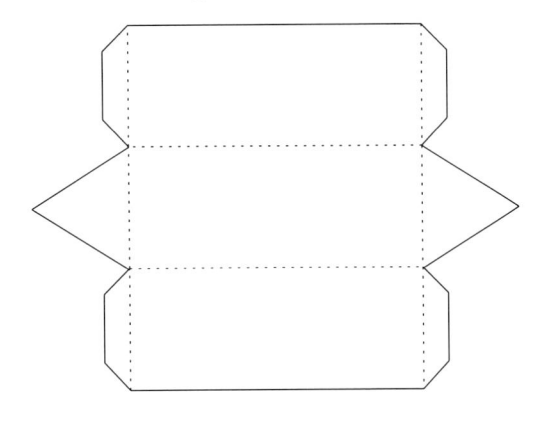

Cubo

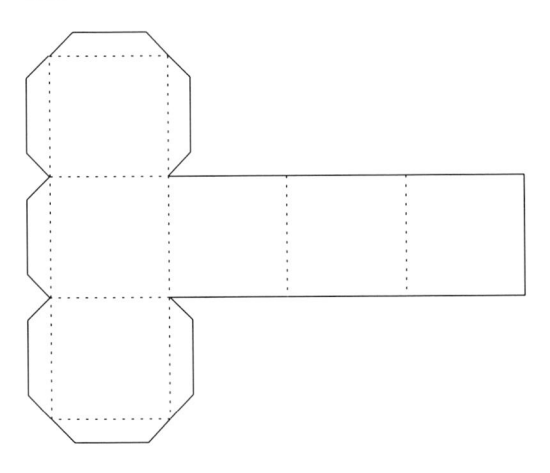

ANEXO 8 – Construindo uma pirâmide

6 Simetria

A simetria é uma ideia que tem sido experimentada através do tempo em artes, arquitetura e matemática para criar ordem, beleza, movimento e perfeição. Provavelmente a partir da percepção da simetria na natureza, presente nas asas de uma borboleta ou nas flores, o homem descobriu que poderia aplicá-la na construção de templos, casas, esculturas, ou nas realizações artísticas de pintura, tecelagem, etc.

Mas, afinal, do que falamos quando nos referimos à simetria? E por que o trabalho com esse conceito é importante na Educação Infantil?

De acordo com Rodhe,[1] em matemática, dizemos que uma figura possui simetria quando, aplicado a ela um movimento de reflexão, translação ou rotação, ela não se deforma, isto é, mantém seu tamanho e sua forma.

Veja abaixo exemplos de figuras nas quais aplicamos movimentos de rotação e translação:

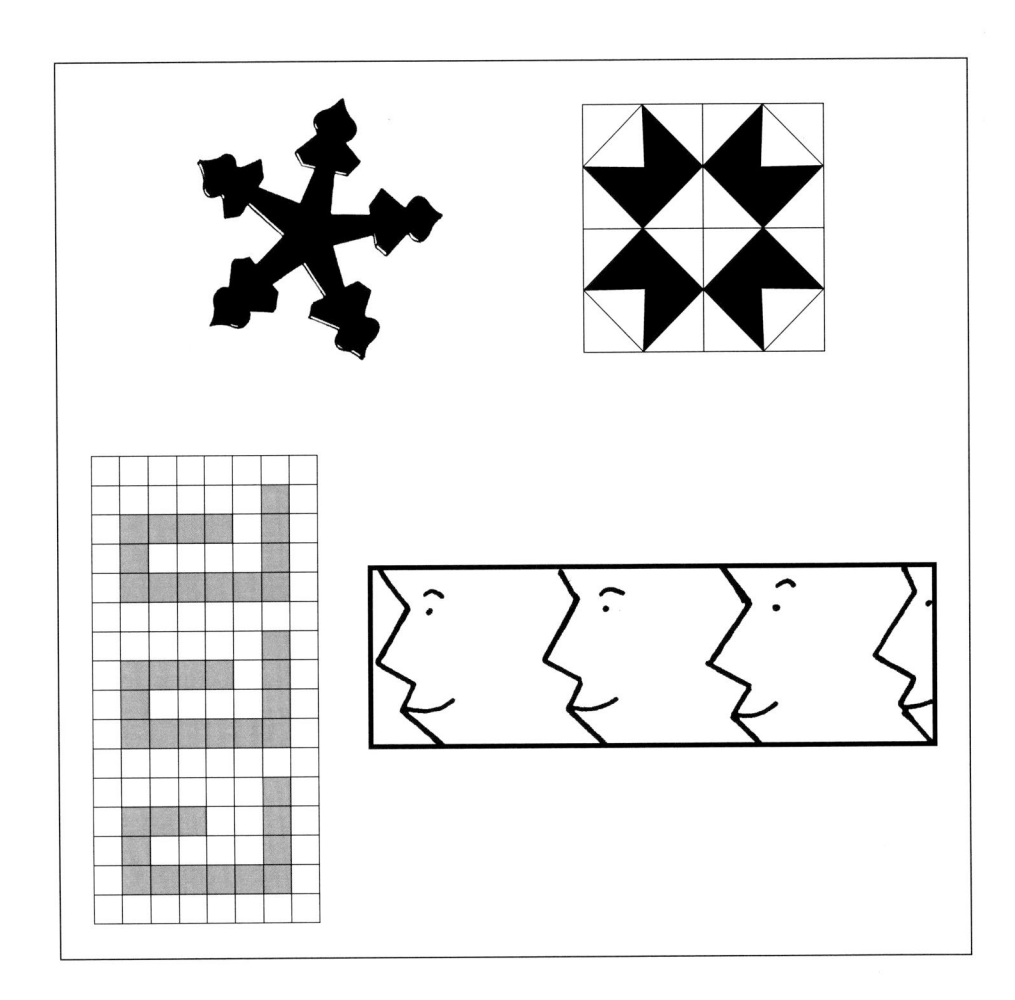

Na Educação Infantil, trabalhamos apenas com a simetria de reflexão ou axial. A razão para isso é que, além de essa simetria ser mais facilmente identificada pelos alunos, ela está mais diretamente relacionada a habilidades espaciais que eles precisam desenvolver nessa faixa etária. Vejamos o que compreendemos por simetria axial.

- *Simetria em relação a uma reta:* duas figuras são simétricas em relação a uma reta **r** se elas podem ser superpostas exatamente e com uma única dobra ao longo dessa reta:

---

[1] Rodhe, G.M. *Simetria*. São Paulo: Hemmus, 1982.

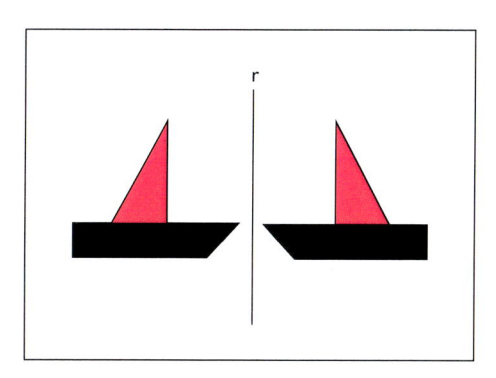

- *Eixo de simetria de uma figura:* é uma reta que divide uma figura em duas partes iguais e que podem ser superpostas com exatidão, através de uma dobra ao longo dessa reta:

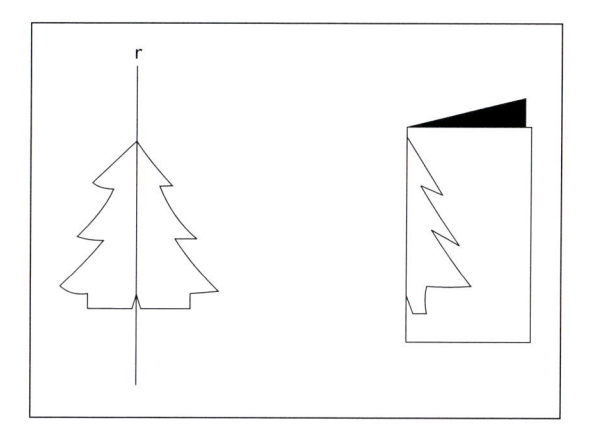

Nos dois casos, temos uma *simetria de reflexão ou axial*, isto é, simetria com relação a um eixo que nos desenhos está representado pela reta **r**.

As atividades de simetria na Educação Infantil são especialmente indicadas para auxiliar no desenvolvimento de habilidades espaciais, como a discriminação visual, a percepção de posição e a percepção de que a forma de uma figura não depende de seu tamanho ou de sua posição (constância de forma e tamanho). Essas habilidades são importantes não apenas para o aprendizado de geometria, mas também para o desenvolvimento de habilidades de leitura e escrita, inclusive no que diz respeito aos numerais. De fato, em nossos trabalhos, temos percebido que, conforme afirmam O' Daffer, Hoffer e outros, as atividades de simetria colaboram sensivelmente para que os alunos diminuam o espelhamento de letras e números nessa fase da escolaridade. Além disso, trabalhar com simetria permite aos alunos oportunidades para desenvolver a observação, a percepção de semelhanças e diferenças entre figuras, constituindo-se em uma forma de relacionar conceitos geométricos ao contexto social dos alunos, uma vez que a simetria pode ser facilmente observada na natureza e em obras de arte, entre outros elementos do cotidiano dos alunos.

Todas as atividades que serão propostas a seguir têm como objetivos levar os alunos a identificar figuras simétricas, identificar eixos de simetria em uma figura, desenvolver a discriminação visual, a percepção de posição e a percepção de que a forma de uma figura não depende de seu tamanho ou de sua posição (constância de forma e tamanho).

Caminhos do rei

6 anos

O professor divide a classe em dois grupos e, com giz ou fita adesiva, traça duas linhas no chão, uma ao lado da outra, como se fosse uma rua. Cada grupo de crianças fica em um dos lados da rua, um em frente ao outro. Em seguida, o professor conta uma história:

– Era uma vez um rei que ia visitar uma cidade; ele ia passar por uma rua da cidade – entre os riscos no chão. Como era muito exigente, desejava que os dois lados da rua estivessem arrumados do mesmo modo, ou seja, tudo o que tivesse de um lado da rua deveria ter do outro. Como as pessoas da cidade poderiam satisfazer o rei?

O professor deixa os alunos discutirem como farão a arrumação e, quando resolverem o problema proposto, apresenta um novo desafio:

– O exigente rei não ficou satisfeito, resolveu que tudo o que estivesse de um lado deveria estar do outro, mas como se um lado fosse a imagem no espelho do outro. Como as pessoas da cidade poderão atender aos desejos de tão exigente rei?

Nessa fase da atividade, além das próprias crianças, podem ser utilizados embalagens, blocos de construção e outros materiais para que os alunos discutam como atender às exigências do rei.

Concluída a atividade, além de uma conversa sobre como ter certeza de que o rei foi atendido, é interessante pedir aos alunos que registrem o que fizeram na atividade através de desenhos. Vejamos alguns deles:

Em cada um dos desenhos, aparece nitidamente que aspecto da atividade cada aluno percebeu com mais força. É possível notar que a relação de reflexão, que era a intenção da atividade, foi percebida e claramente explicitada nos desenhos. Também houve uma preocupação de algumas crianças em tentar deixar claro o número de crianças no seu grupo e quantas estavam em cada lado da linha. Podemos notar, inclusive, que no desenho de Débora houve a intenção de colocar os braços das crianças que estavam sendo representadas, em posições idênticas, para a passagem do rei.

Temos observado que as relações de simetria de reflexão são mais facilmente percebidas pelos alunos se forem introduzidas com materiais tridimensionais, os quais possam manusear, empilhar, montar e desmontar. Assim, em continuidade a essa primeira atividade, é interessante que sejam propostas outras semelhantes usando cubos, sólidos geométricos, sucatas e outros materiais desse tipo, como é o caso das atividades que sugerimos a seguir. Nessa fase, ainda não é necessário que o professor discuta com os alunos sobre simetria ou eixos de simetria; o fundamental é a percepção intuitiva do eixo e do efeito de reflexão que caracterizam esse tipo de transformação.

Do mesmo modo que indicamos para os sólidos, os registros através de desenhos são essenciais para que relações de espaço, perspectiva e, inclusive, a simetria axial possam ser expressos graficamente pelos alunos. Ao final das atividades, é importante a análise dos desenhos, a comparação entre os diferentes registros e a explicitação por parte das crianças sobre como fizeram seus desenhos, o que consideraram importante desenhar e por quê.

Prédios simétricos

6 anos

Para esta atividade, serão necessários cubos coloridos ou outros sólidos geométricos, fita adesiva e um espelho grande.

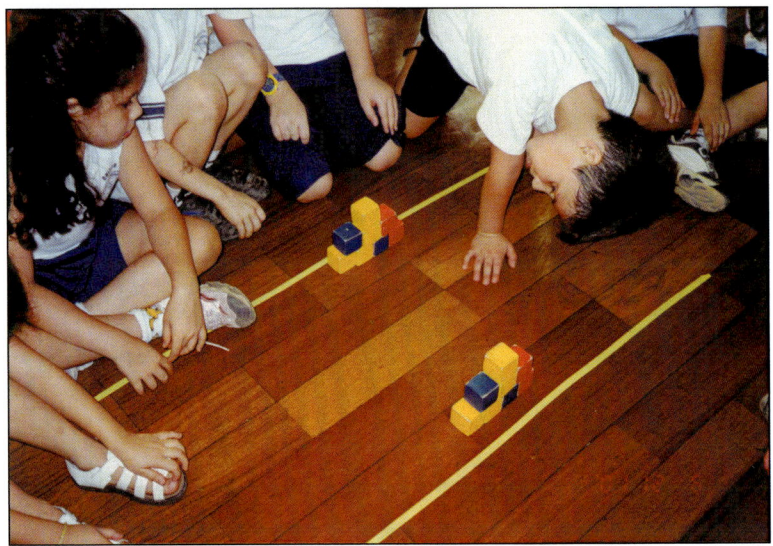

O professor coloca duas tiras de fita adesiva no chão para representar uma rua e, com os cubos e os sólidos, constrói dois prédios idênticos e espelhados. Com a classe sentada em torno da construção, o professor conduz uma conversa sobre os dois prédios:

– Como estes prédios foram construídos?
– O que eles têm de parecido?

Como os alunos já realizaram a atividade Caminhos do rei, é natural que associem as construções simétricas às daquela história.

Então, o professor coloca um espelho em frente a uma das construções e pede aos alunos que observem a construção e sua imagem no espelho, que comparem com a outra construção, de tal modo que percebam que as construções são uma a *imagem no espelho da outra.*

Depois, o professor escolhe um cubo ou sólido geométrico e acrescenta a uma das construções, questionando em seguida como deve modificar a outra construção para que ela continue sendo a *imagem no espelho* da primeira.

Os alunos podem ser estimulados tanto a colocar novas peças nas duas construções quanto a fazer novas construções espelhadas nos dois lados da rua. Vejamos a representação de uma criança para essa atividade, observando a associação entre *Prédios simétricos* e *Caminhos do rei* expressa pela presença do rei e da rainha no desenho:

O professor pode repetir a atividade, fazendo apenas um dos prédios e colocando o espelho em frente a ele para que os alunos, olhando a imagem refletida, construam o prédio no outro lado da rua que seja a imagem do espelho. Vejamos algumas representações das crianças para essa atividade:

No primeiro registro, podemos perceber a preocupação da criança em representar a rua, a primeira construção e o espelho refletindo sua imagem. No segundo desenho, Daniela preocupou-se em tentar reproduzir a primeira construção e sua imagem, inclusive com detalhes das cores e das posições dos cubos na construção. Note-se ainda o espelho entre as duas construções.

A mesma interpretação pode ser dada ao desenho de Marina, com o acréscimo de que o contorno preto em torno ou dentro dos cubos serviam, segundo ela, para mostrar que os *cubos eram grossos e não fininhos como os quadrados do desenho*, o que mostra a tentativa de dar efeito de perspectiva ao desenho. A busca da representação simétrica e da perspectiva também pode ser vista no quarto desenho, feito por Mariana.

Outra variação interessante da atividade é obtida quando o professor organiza a classe em duplas e dá a cada uma delas o mesmo conjunto de sólidos, sucata ou cubos. Na dupla, uma das crianças constrói um prédio e a outra faz sua imagem no espelho, invertendo depois os papéis.

Faça um espelhado

6 anos

O professor organiza a classe em grupos de quatro crianças e, no centro da sala faz uma construção com cubos, traçando em frente a ela uma linha:

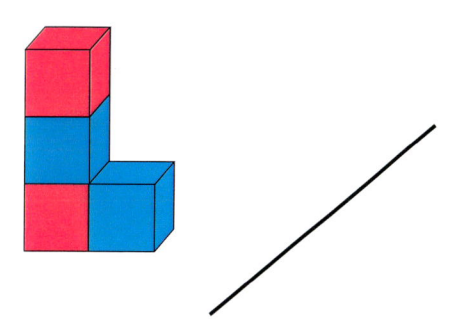

O professor coloca um espelho na linha e pede que os alunos observem a imagem no espelho da construção. Depois, cada grupo deve construir, usando os cubos necessários, a figura original e sua imagem no espelho. Ao final, todos analisam suas construções e discutem como fizeram, se precisaram recorrer ao espelho para saber se a construção estava correta, que dicas dariam para quem desejasse fazer a mesma atividade, etc.

Ao realizar essas atividades, o professor pode explorar noções relevantes para a localização espacial, como em frente, atrás, ao lado, antes, depois, direita e esquerda.

É interessante repetir a atividade com a mesma construção, colocando o espelho em outras posições para que os alunos vejam a figura por diferentes ângulos, e também propor essa mesma atividade outras vezes, utilizando novas configurações e até mesmo cubos coloridos.

Esses desenhos anteriores permitem perceber como a proposta constante para que os alunos representem as construções que realizam faz com que sintam necessidade de aproximar o que veem daquilo que desenham. Podemos, por exemplo, notar no desenho de Camila o surgimento da perspectiva ao desenhar o cubo.

As próximas atividades introduzem as noções de simetria axial em figuras planas, de eixo de simetria e de figuras simétricas.

Borrão simétrico

6 anos

O professor distribui aos alunos uma folha de papel branco e pede que dobrem a folha em duas partes iguais. Depois, solicita aos alunos que desdobrem a folha e que em um dos lados, próximo à linha de dobra, façam um desenho com tinta (guache, plástica, ou outra para papel). Feito isso, devem dobrar outra vez a folha na linha de dobra e apertar um lado sobre o outro para espalhar bem a tinta. Os alunos abrem novamente a folha e deixam a tinta secar.

Quando os borrões estiverem secos, o professor pede aos alunos que observem as figuras obtidas e que comentem sobre o que elas parecem:

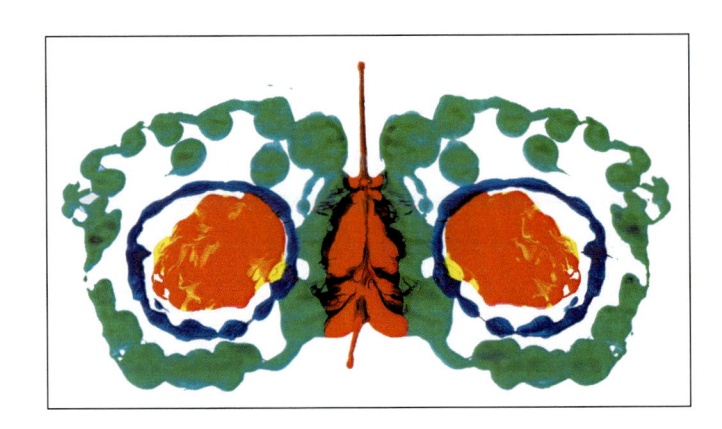

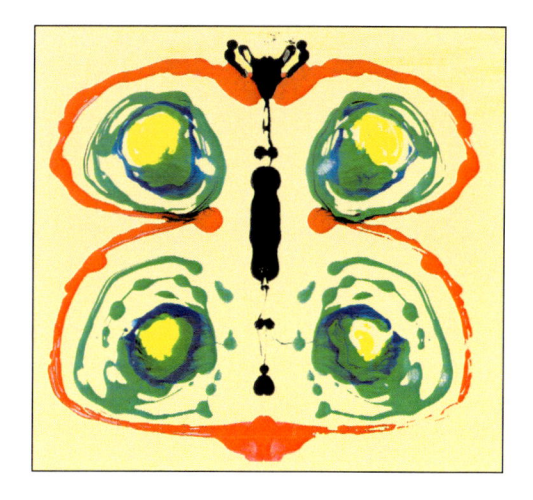

É comum que eles falem sobre borboletas, rostos de palhaço e flores. Em um outro momento, o professor pode distribuir entre os alunos um espelho e pedir que o coloquem sobre a linha de dobra para observar a imagem no espelho. Depois, conduz uma discussão sobre o que observaram de especial na figura e sua imagem no espelho. A intenção é estimular os alunos a perceber que os dois lados da figura são exatamente iguais.

Dobras e recortes simétricos

6 anos

Para esta atividade, serão necessárias tesouras, uma reprodução das figuras do Anexo 9 e um espelho para cada dupla de crianças. O professor distribui as figuras do anexo entre os alunos e pede-lhes que recortem cada uma delas e depois descubram um modo de dobrá-las em duas partes iguais e sobrepostas. Quando conseguirem o que foi pedido, os alunos devem colocar o espelho sobre a linha de dobra e analisar a imagem que veem.

O professor pode aproveitar essa atividade para dizer aos alunos que a linha de dobra que divide a figura em duas partes iguais e sobrepostas é conhecida como *eixo de simetria* e, a partir daí, sempre que realizar atividades de simetria, referir-se à linha de dobra com esse nome.

Os alunos podem colar as figuras com seus respectivos eixos destacados em uma folha para terem um registro da atividade realizada:

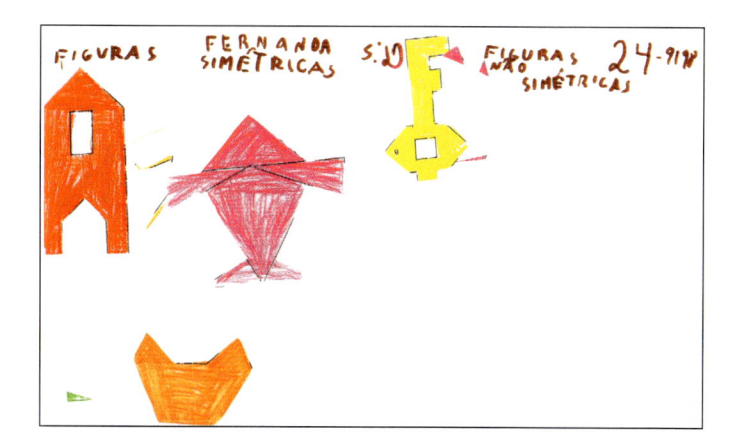

Completando figuras

6 anos

Para esta atividade, são necessários os mesmos materiais da atividade anterior mais os desenhos do Anexo 10. O professor distribui entre os alunos um dos quadros mostrados no anexo, ou outros que desejar. Os alunos devem dobrar cada quadro na linha tracejada e recortar em torno da figura.

Quando terminarem, antes de abrir o recorte, eles devem por o espelho próximo à linha de dobra e examinar a imagem. Depois disso, abrem os recortes e comparam a imagem que viram no espelho com a imagem obtida com a figura desdobrada. O professor pede que completem as figuras como acharem melhor e que colem em uma folha em branco.

Procurando simetria

6 anos

O professor distribui entre os alunos revistas, tesoura e cola. Cada um deve procurar na revista figuras com eixos de simetria e recortá-las. Quando todos tiverem encontrado algumas figuras, podem montar um painel na classe, colando as imagens que recortaram. Ao lado do painel, pode ser afixada uma lista feita coletivamente sobre figuras que apresentam eixos de simetria.

É possível fazer esse mesmo trabalho coletando folhas ou observando fotos, animais e objetos do cotidiano, como tapetes, quadros, utensílios domésticos, entre outros.

Montando um painel

6 anos

Dobras e recortes são atividades familiares aos alunos de Educação Infantil e podem propiciar uma boa oportunidade para trabalhar com a noção de eixo de simetria.

O professor distribui entre os alunos quadrados de papel dobradura e pede que dobrem o papel em duas partes iguais, por exemplo:

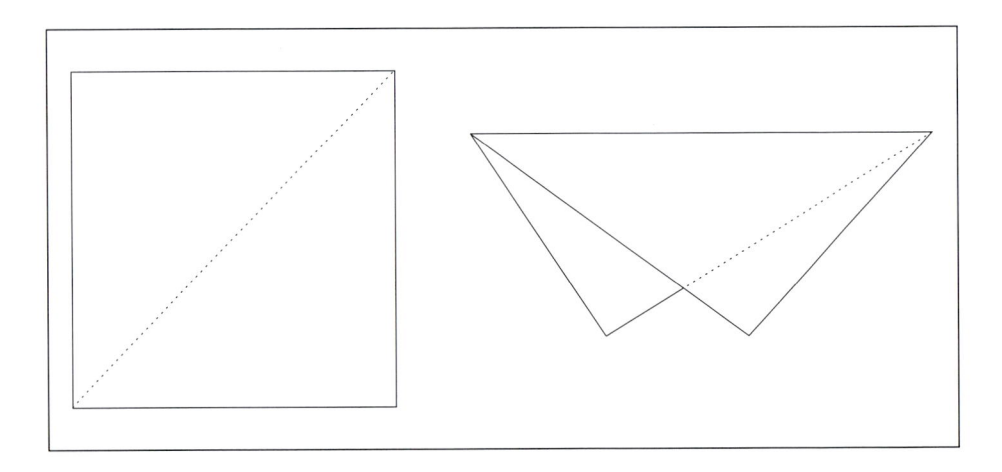

Feito isso, com o papel dobrado, devem fazer um desenho em uma das partes do papel, próximo à linha de dobra, e recortar em volta do desenho feito:

Uma vez recortado, o desenho deve ser aberto para que os alunos observem as figuras desenhadas e destaquem o eixo de simetria.

O professor pode pedir aos alunos que repitam a atividade em um outro dia mudando a posição do eixo de simetria, fazendo figuras com dois eixos de simetria e até mesmo produzindo recortes mais sofisticados. As figuras obtidas podem ser coladas sobre um papl, completadas com outros desenhos, ou organizadas em um painel segundo os eixos de simetria que possuam:

Memória simétrica

6 anos

Com a classe organizada em grupos de três ou quatro crianças, o professor distribui para cada grupo um jogo de baralho cujas cartas estão mostradas no Anexo 11. Iniciar com as cartas simples e, posteriormente, usar também as demais.

Regras

- As cartas são viradas para baixo, como no jogo da memória.
- Os alunos decidem a ordem dos jogadores.
- O primeiro jogador escolhe duas cartas à sua vontade e tenta formar com elas um par simétrico, que pode ser formado por duas metades de um desenho que se completam.
- Todos devem conferir as cartas viradas. Se o jogador formar um par, ele fica com as cartas e joga novamente; caso contrário, ele recoloca as cartas em seus respectivos lugares e passa a vez ao próximo.
- O jogo acaba quando acabarem as cartas e vence o jogador com o maior número de pares ao final.

Após os alunos terem jogado algumas vezes, o professor pode propor que utilizem as cartas do segundo nível. Além disso, é possível propor alguns problemas sobre o jogo para os alunos resolverem:

- Se um jogador encontrou a carta ▶ qual a carta que deve encontrar para formar um par?

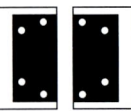

- As cartas ⬛ ⬛ formam um par? Por quê? (repetir para outras cartas)

- Como devo fazer para ter certeza de que duas cartas formam um par?
- Um aluno conseguiu virar as cartas... (o professor escolhe quatro cartas quaisquer). Quantos pares ele formou?

Atividades de simetria também podem ser feitas com os alunos pela utilização de formas geométricas recortadas em borracha ou cartolina para construir figuras nas quais a simetria apareça:

É possível ainda utilizar livros de histórias infantis para complementar esse trabalho, como, por exemplo, o livro *Onde estão os erros do espelho maluco do Menino Maluquinho?*,[2] que traz a história de um personagem criado pelo autor Ziraldo. Após realizar o sonho de ter um grande espelho em seu quarto, o Menino Maluquinho descobre que aquele não é um espelho comum, porque mostra imagens de um modo diferente: muda cores, não reflete todos os objetos, mostra mais objetos do que há no quarto, reflete os objetos fora de ordem, etc. Cada página é um convite aos alunos para desenvolver sua discriminação visual, sua capacidade de comparação de figuras e suas noções de simetria.

Para trabalhar com esse livro junto aos alunos, o professor pode começar explorando a própria capa, que apresenta a imagem do Menino Maluquinho refletida no espelho, além de mostrar o nome do autor e parte do título do livro espelhados.

---

[2] Ziraldo. *Onde estão os erros do espelho maluco do Menino Maluquinho?* São Paulo: Melhoramentos, 1993. (Publicado com autorização do autor.)

Os alunos podem utilizar um espelho para comparar as duas imagens do Menino Maluquinho e também para descobrir o nome do autor e parte do título.

O professor pode ler o livro com os alunos, detendo-se em algumas páginas para que descubram os erros que elas mostram:

Um cuidado ao utilizarmos esse livro é não exigir que todos os alunos trabalhem com todas as páginas, sendo inclusive possível que algumas páginas sejam feitas por todos e outras por grupos diferentes. Também é preciso observar que, para realizar as atividades de encontrar os erros do espelho maluco, o professor deverá dispor de algumas aulas, uma vez que é impossível trabalhar com o livro todo em uma única aula.

Simetria e formas geométricas

6 anos

Propomos que, após realizarem as atividades anteriores, os alunos possam ser estimulados a ver *a simetria como uma propriedade de figuras* que eles já conhecem, como é o caso do quadrado, de alguns triângulos, do retângulo, entre outras.

Para isso, podem ser usadas figuras recortadas em papel que os alunos devem dobrar para descobrir se possuem ou não eixos de simetria. Quando eles descobrirem, podem separar as figuras destacando os eixos de simetria. Vejamos algumas figuras e seus eixos de simetria:

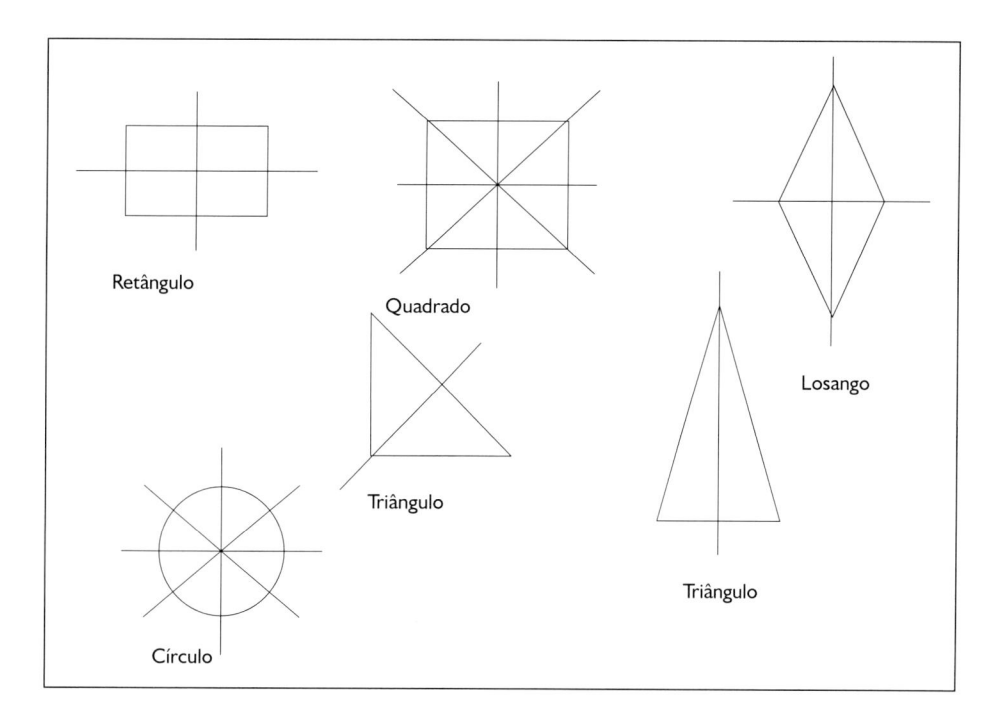

Retângulo
Quadrado
Losango
Triângulo
Triângulo
Círculo

Finalmente, sugerimos que a sequência de atividades de simetria seja desenvolvida ao longo de todo o ano e intercalada com as demais atividades.

ANEXO 9 – Dobras e recortes simétricos

Kátia Stocco Smole • Maria Ignez Diniz • Patrícia Cândido

ANEXO 10 – Completando figuras

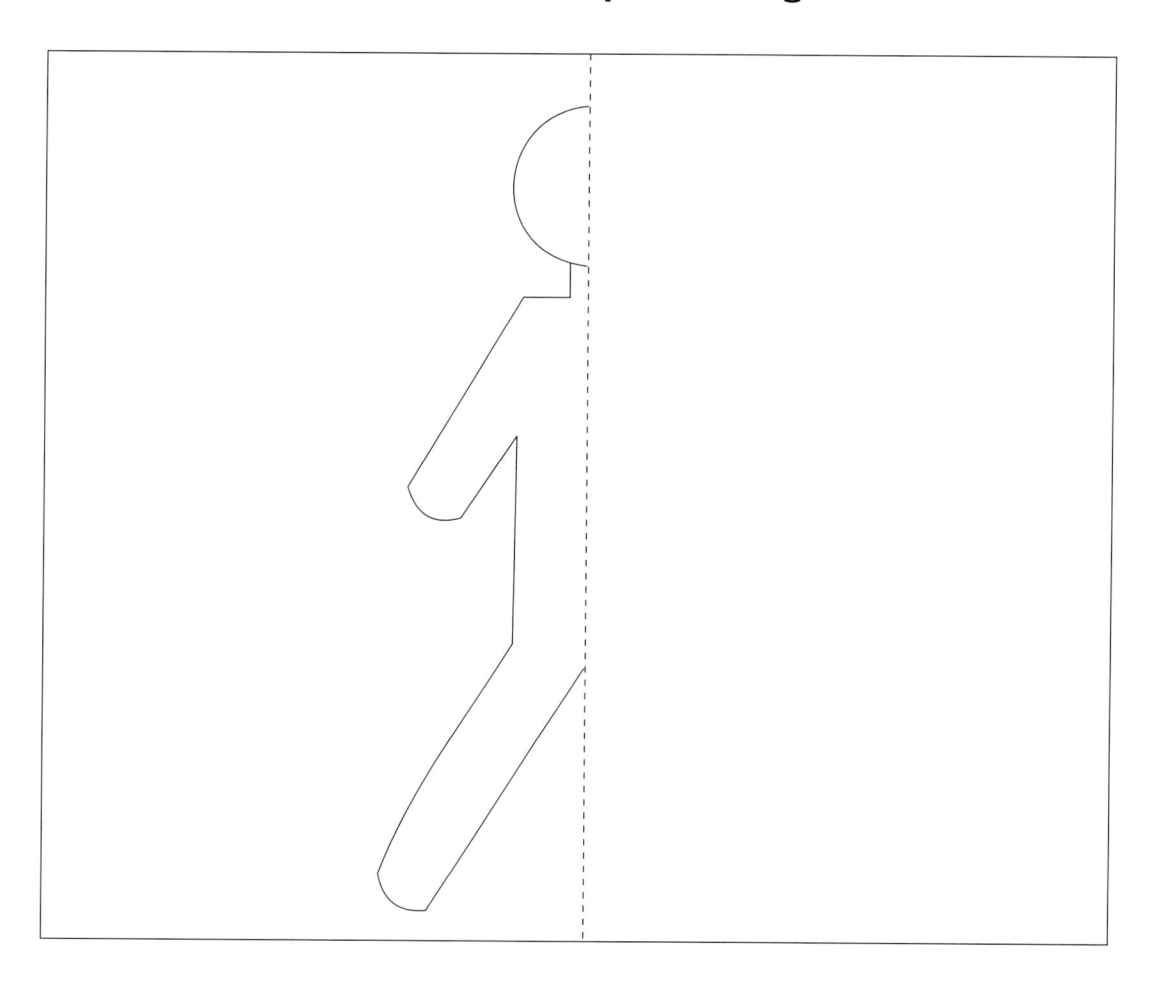

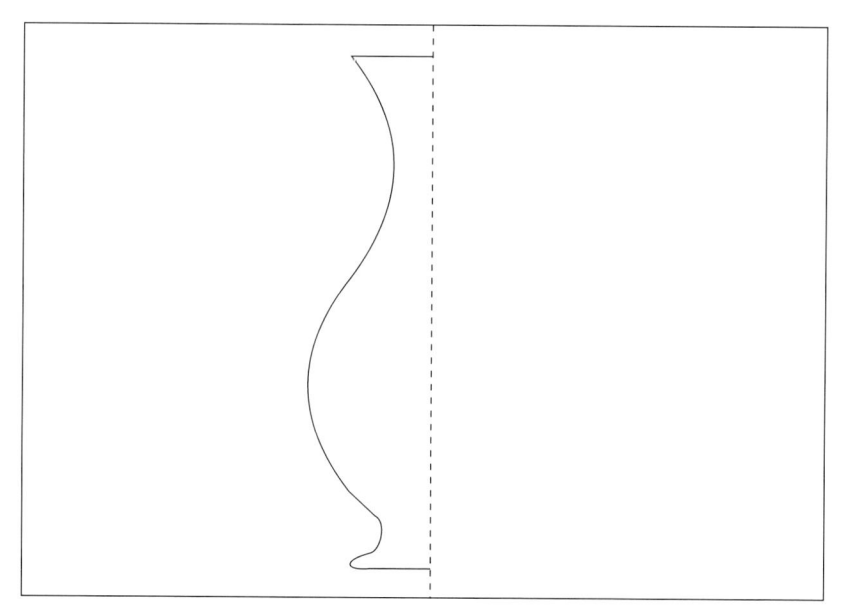

ANEXO 11 – Memória simétrica 1

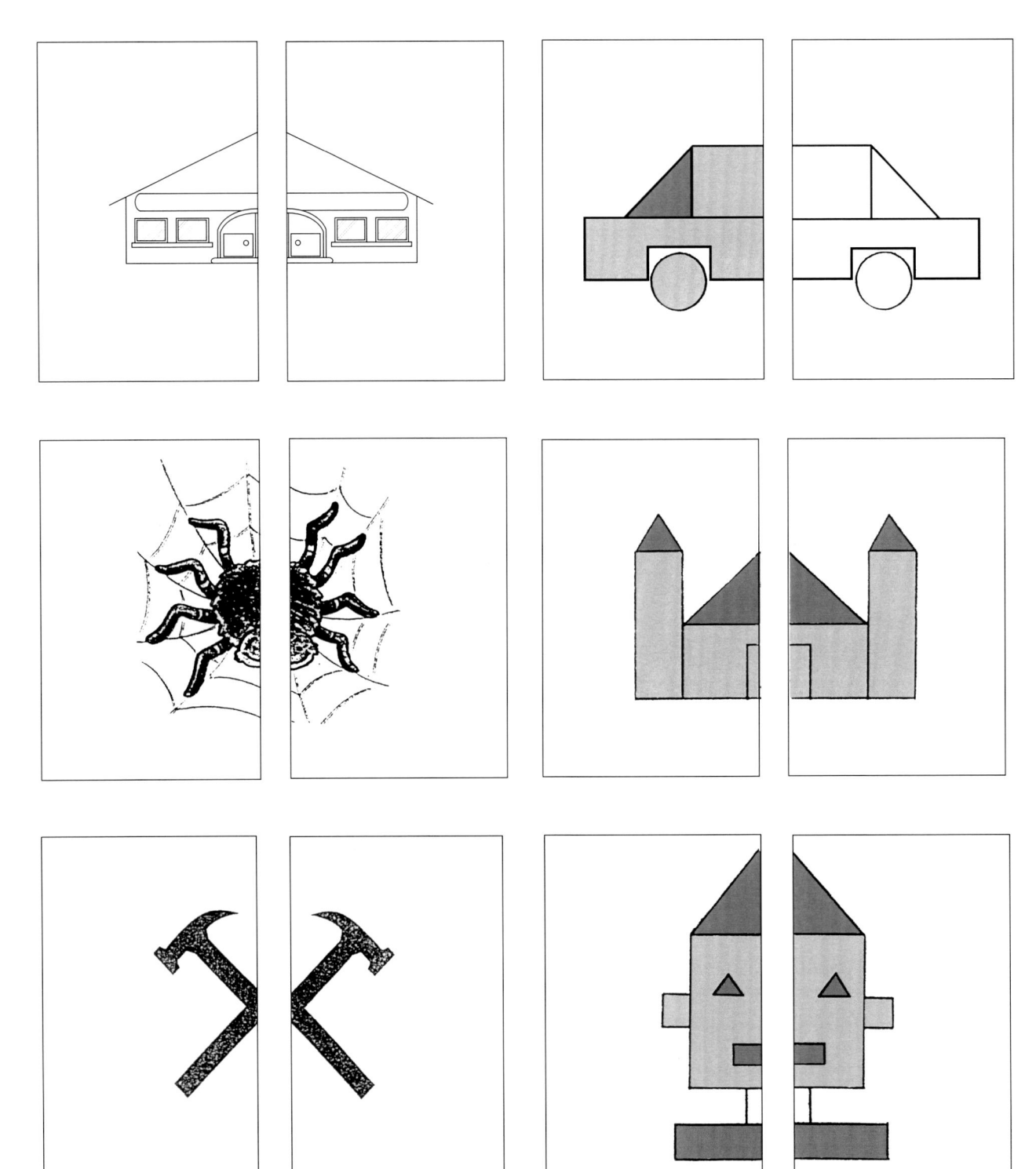

Memória Simétrica 2

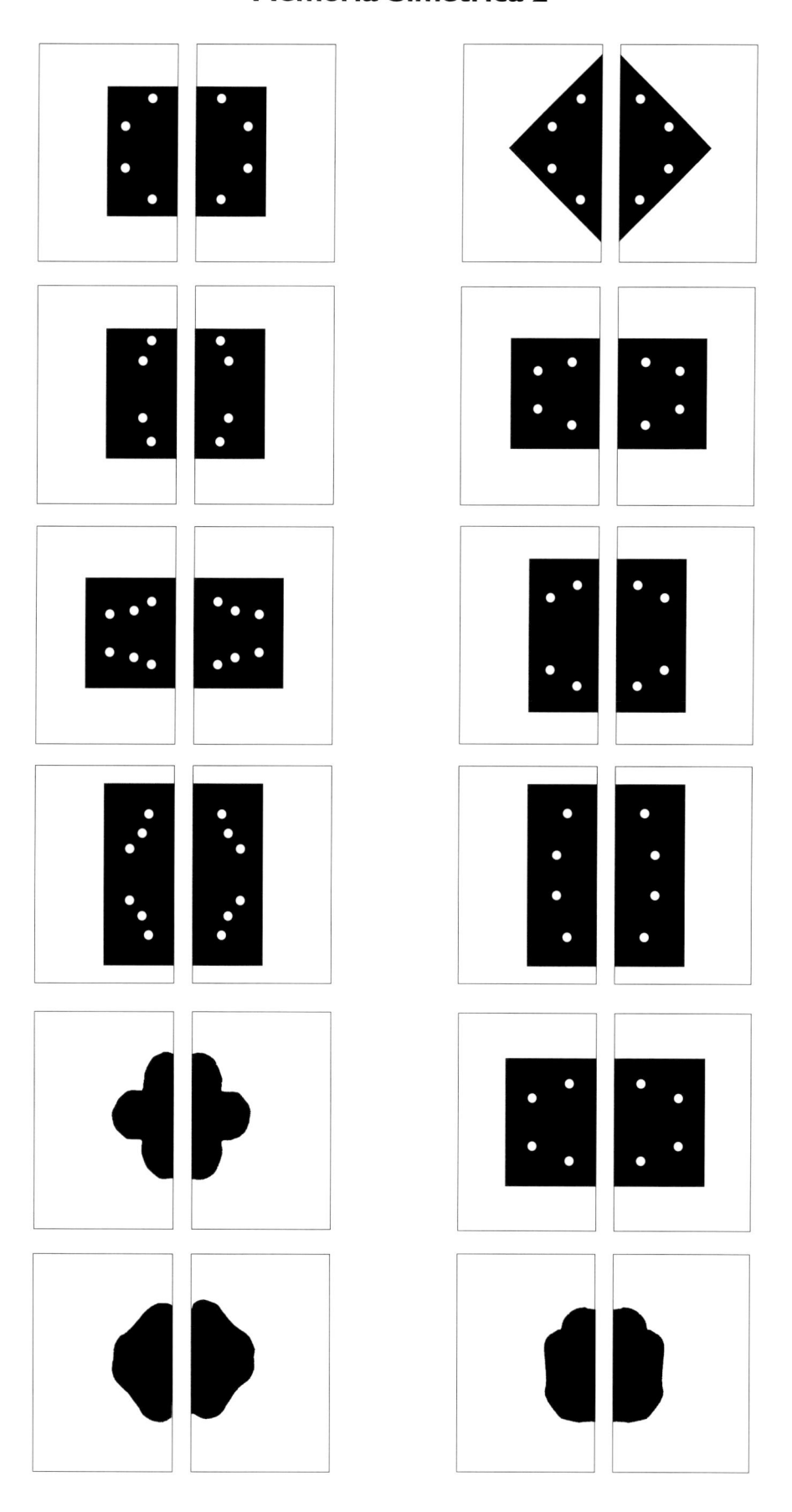

Memória Simétrica 2

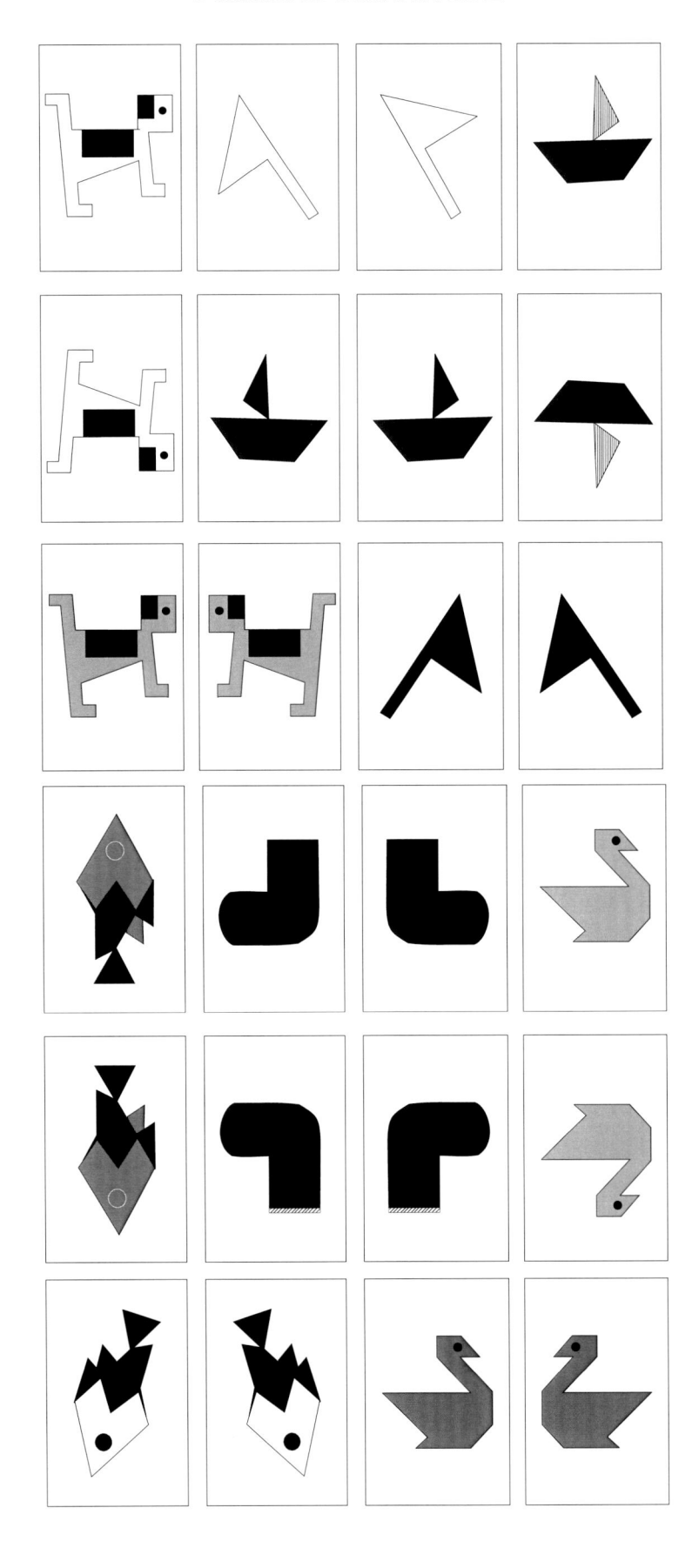

7 *Planejar e Avaliar*

O QUE FOI DIFÍCIL?

FICAR OLHANDO ORA PARA O PROJETOR, ORA PARA A MESA

As atividades descritas para cada um dos recursos sugeridos devem ter mostrado que uma parte essencial do trabalho está no planejamento, uma vez que não se trata de esgotar as atividades uma após a outra, e sim de organizar o trabalho em direção a metas de aprendizagem e de desenvolvimento dos alunos.

Além de o trabalho com geometria na Educação Infantil não poder ser esporádico, algumas atividades devem ser realizadas pelo menos três vezes para que o professor possa observar e acompanhar todos os seus alunos em relação aos objetivos, o que não pode acontecer com grande espaçamento de tempo entre elas; outras fazem parte de uma sequência e apenas adquirem sentido se forem encadeadas como proposto no texto.

Nossa sugestão é que, ao longo de todo o ano, no planejamento semanal haja uma atividade específica relacionada aos objetivos de desenvolvimento do esquema corporal, da organização do espaço ou da aprendizagem de propriedades das figuras geométrica. As atividades relacionadas ao desenvolvimento do esquema corporal podem ser escolhidas entre as atividades deste livro ou uma brincadeira infantil, enquanto as atividades mais geométricas devem alternar o trabalho com figuras planas e sólidos, ou com um material específico que não deve ser esgotado de uma só vez. Assim, por exemplo, aos seis anos, podemos planejar de tal forma a distribuir ao longo do ano atividades de simetria intercaladas com sólidos geométricos.

Um conjunto de atividades pode ser trabalhado em um período do ano, interrompido e depois continuado ou repetido em outro momento para que se possa realmente acompanhar a aprendizagem das crianças em direção aos objetivos traçados.

Tudo isso requer do professor reflexão sobre o que fará e o que foi feito a cada instante; por isso, é aconselhável que ele mantenha registros escritos para se manter avançando em direção aos objetivos traçados e poder replanejar sempre que necessário.

Vamos exemplificar, iniciando pela escolha das metas de trabalho, supondo que em seu planejamento um professor de alunos com cinco anos tenha consultado a tabela de objetivos sugeridos no início deste livro e selecionado desenvolver:

- Identificação, descrição e nomeação das figuras geométricas: triângulo, quadrado, retângulo, círculo e cubo.
- Orientação do corpo em relação a objetos e pessoas.
- Visualização, desenho e comparação de figuras em diferentes posições.

Para isso, ele tem como alternativas as atividades e brincadeiras que seguem, relacionadas conforme a organização deste livro:

Corpo e espaço

Com especial atenção ao segundo objetivo escolhido e pelo fato de alunos com cinco anos serem fortemente corporais, podemos optar pela brincadeira *A marcha do jornal* e pela atividade *A pessoa misteriosa.*

Blocos lógicos

Se os alunos não conhecem este material, é preciso iniciar pelas primeiras atividades; no entanto, se eles já o conhecerem, é possível ir diretamente às atividades mais dirigidas aos objetivos, que são *Adivinhe quem eu sou?*, *Sacola surpresa*, *Quem encaixa todas?*, *Brincando com silhuetas* e *Mural de formas*.

Dobraduras

Apesar de iniciar com uma folha de papel quadrada, a atividade *Transformando o quadrado em...* dá abertura para o aluno decompor o quadrado em triângulos e retângulos, incluindo os conceitos de figuras iguais ou diferentes. No entanto, se fizermos essa escolha, o círculo deverá ser trabalhado com outro material.

Atividades corporais e outros recursos

Temos as brincadeiras *Dança das figuras* e *Corra para a figura* e as atividades *Procurando formas, Andando sobre as figuras, Formando figuras com elásticos, Acerte o alvo, Modelando formas, Recorte e colagem*.

Quebra-cabeças

A atividade *Você encaixa todas?* permite uma grande variedade de problematizações, de modo a incluir também a composição e a decomposição de figuras entre os objetivos do trabalho.

Tangram

Neste caso, é preciso iniciar pelas atividades de *Construções livres* e enfatizar o trabalho com *Silhuetas*, mas apenas as propostas iniciais, para depois avançar para *Como são as peças?*, *Pintando as peças do tangram* e *Mural de formas*.

Sólidos geométricos

Destacando as atividades que envolvem o cubo e as formas planas nas faces dos sólidos, é possível escolher entre as atividades *Empilhando cubos, Faça uma igual, Brincando com embalagens, Conhecendo sólidos, Montando o cubo* (sem enfatizar a planificação) e *Modelando formas*.

Como podemos observar, este livro traz uma quantidade bastante ampla de atividades possíveis com o propósito de dar ao professor opções de trabalho. A escolha dependerá de vários fatores, entre eles:

- tempo disponível para a realização do trabalho;
- recursos de que a escola dispõe.

Voltando a considerar a situação real, suponhamos que o professor tenha escolhido aqueles objetivos para o trabalho de um trimestre com uma aula por semana de geometria, ou seja, um total de 12 aulas, e que analisando as características de seus alunos, os materiais existentes na escola e os espaços disponíveis para a realização das atividades, sua opção tenha sido pelas atividades que exigem menos materiais específicos e que envolvem mais movimento. No entanto, não é possível que a escolha recaia sobre apenas um recurso, pois a diversidade é a principal característica de qualquer sala de aula. Dessa maneira, o ensino deve prever diferentes vontades e motivações, o que deve revelar-se nas atividades e nas diversas formas de organização e comunicação dentro do grupo-classe.

Assim sendo, para este professor, uma escolha possível seria:

Marcha do jornal, Pessoa misteriosa, Dança das figuras, Procurando formas, Andando sobre as figuras, Formando figuras com elásticos, Acerte o alvo, Empilhando cubos, Brincando com embalagens e *Modelando formas*.

Algumas dessas atividades devem ser repetidas algumas vezes, como é o caso da brincadeira *Marcha do jornal*, outras podem precisar de maior tempo para que os alunos possam realizá-las com calma e reflexão. Isso significa que será preciso acompanhar cuidadosamente o desenvolvimento das ações e eventualmente replanejar.

Esse trabalho pode ser ampliado no sentido da formação geral dos alunos se associarmos a ele a proposta feita ao longo deste livro, pois, através das problematizações e dos registros orais ou de desenhos e textos, os alunos podem refletir sobre as propriedades das figuras, ao mesmo tempo que se desenvolvem em termos das habilidades visuais, orais, de desenho e de raciocínio lógico.

Nesse sentido, cada atividade proposta precisa ser estudada cuidadosamente, de modo que o professor possa direcionar as explorações propostas neste texto para os objetivos visados. Eventualmente, será necessário rever seu planejamento, porque poderá envolver um número maior de objetivos do que os iniciais, dependendo das explorações feitas e dos interesses dos alunos.

Uma outra possibilidade é associarmos esse trabalho ao de língua portuguesa ou de artes, utilizando em paralelo o recurso à literatura infantil, usando, por exemplo, o livro *Clact... Clact... Clact...* ou a atividade *Fazendo arte com figuras geométricas,* descritos no Capítulo 4.

Feita a escolha das atividades, é igualmente importante planejar a avaliação.

Avaliando a aprendizagem dos alunos e o planejamento feito

O projeto pedagógico de cada professor compõe-se do planejamento, das ações didáticas e da avaliação. Quanto a esta última, não se trata de pensar a avaliação como etapa final do processo de ensino, mas, pelo contrário, como parte integrante e inseparável do plano e das ações resultantes dele.

A avaliação está presente antes mesmo da formulação do planejamento quando o professor procura diagnosticar preferências, motivações, entender o que seus alunos já sabem. Durante todo o processo, cabe a ele ouvir e observar seu aluno para orientar as ações e rever as metas, acompanhando avanços e dificuldades individuais e do grupo. Tanto o diagnóstico quanto o acompanhamento estão presentes nas atividades propostas neste livro, em que, a todo momento, o professor é solicitado a observar e registrar: *peça ao aluno que fale ou represente o que ele viu, manuseou, pensou; registre o que os alunos entenderam, como eles pensaram, o que eles fizeram, etc.*

Enfim, para que a avaliação revele-se como orientadora das intervenções que o professor fará, individualmente ou em grupos, em função das aprendizagens ou das dificuldades de seus alunos, é preciso ainda sistematizá-la em relação a alguns aspectos importantes, como os registros do professor e as produções dos alunos.

O primeiro diz respeito à organização e à documentação da observação do professor durante as atividades ou após sua realização. É impossível observar todos os alunos ao mesmo tempo, assim como só tem sentido observar o que nos propomos como objetivo observar. Assim, o planejamento e a organização da sala são pontos fundamentais para orientar o olhar pedagógico sobre nossos alunos.

Assim, organizar uma ficha ou caderno com os objetivos que o professor deseja observar, registrar e datar as observações feitas, de modo que todos os alunos possam ser observados em diferentes momentos, é uma forma simples e prática para auxiliar as intervenções a serem feitas no planejamento ou, eventualmente, junto a alguns alunos em especial.

Isso exige disciplina e perseverança do professor, atitudes que desejamos suscitar em nossos alunos e que cabe a nós o exemplo primeiro. Sem registro organizado e constante, a avaliação dependerá da memória do professor e ficará reduzida a fatos muito marcantes, podendo deixar de lado o aluno que fala pouco, ou uma forma diferente de registrar ou construir em uma atividade, ou ainda o progresso do aluno com dificuldade.

Essas observações escritas fazem parte dos registros do professor, que se complementam com suas reflexões sobre as atividades feitas, as dificuldades apresentadas pela classe para o desenvolvimento de uma ideia ou atividade, as decisões que reorientam seu planejamento, os comentários sobre falhas ou pontos positivos de um material, o texto ou a dinâmica de sala de aula.

Um exemplo interessante é o que podemos observar nas reflexões de uma professora e sua auxiliar, expressas nos trechos de seu relato após a primeira atividade de familiarização com os blocos lógicos numa sala de alunos de quatro anos.

Relatório da Atividade

Geometria: Exploração dos Blocos Lógicos

Jardim I B – Professoras Solange e Renata

A atividade inicia com a professora mostrando o material e pedindo para os alunos dividirem-se em três grupos.
Embora em cada grupo estivesse um número diferente de crianças, elas quiseram manter-se assim mesmo.
Em cada grupo escolhemos um aluno para distribuir os blocos lógicos, entregando uma caixa para cada mesa.

Grupo: Isabela, Bia, Fernanda, Bruno e Paulo.

Bia começa distribuindo as peças de modo que todos recebam a mesma forma na primeira rodada.
Isabela: Eu gosto do quadrado amarelo.
Na segunda rodada, Bia não se deteve a nenhum atributo e, ao distribuir o material, fazia comentários conforme suas descobertas: *É igual.* (referindo-se à cor de seu quadrado e à do círculo de Fernanda).
Fernanda: Ela me deu dois iguais. (referindo-se aos dois quadrados que ganhara).
Isabela: Olha quantas bolinhas ele tem... tem quatro bolinhas! (apontando para o monte de círculos de Paulo).

....

Bia: Eu não tenho deste... (apontando para o quadrado).
Professora: O que é isso?
Isabela e Fernanda: Quadrado!

....

Fernanda: Sabe como se faz uma casa? Põe este em pé (pega um quadrado grande) depois coloca este retângulo (na verdade, era um triângulo) e põe este aqui na frente para ser a porta.

....

Continuam brincando por algum tempo.
Na hora de guardar, todos ajudam a colocar por forma igual. Bruno coloca um diferente e todos reclamam.
Paulo: Oh, aqui tem dois quadrados. (e coloca um quadrado pequeno em cima de um grande).
Isabela: Este não é aqui, é aqui. (colocando o retângulo que o Bruno havia colocado sobre um círculo por cima de outro retângulo).

....

Pudemos perceber com esse primeiro contato com o material que a maioria das crianças desconhece a nomenclatura das peças. Todas elas fizeram muitas relações e descobertas com as formas.
Achamos o movimento das crianças muito produtivo.

A partir dessa atividade, as professoras puderam identificar que algumas crianças conheciam os nomes das figuras, assim como perceberam o fato de que todas estabeleceram relações de semelhanças ou diferenças entre as peças e, como era esperado, a cor foi o atributo mais utilizado por elas.

Com essas informações, as professoras puderam planejar a organização dos grupos de alunos de modo a ter alguém que utilize os nomes corretos em cada um deles. Além disso, foi possível iniciar um trabalho mais específico sobre cada uma das formas que compõem os blocos lógicos através, por exemplo, das atividades *Saco surpresa* ou *Corra para a figura*.

Outro exemplo pode ser visto na comparação de dois registros de uma sala de crianças de cinco anos, o primeiro feito pelos alunos na forma de um texto coletivo após a atividade *Brincando com esferas* e o segundo composto das anotações da professora durante a observação da atividade *Siga o mestre*.

Ao observarmos os dois registros, podemos notar que no primeiro deles se destaca a impossibilidade de empilhar esferas devido à sua forma redonda. No segundo registro, a maioria dos alunos passou a usar a linguagem relacionada a características do cubo (*ter pontas, é quadrado*) e da esfera (*não tinham pontas, eram redondas, elas rolavam*), havendo ainda indícios da linguagem de posição em dois grupos que utilizam adequadamente o termo *longe*. A partir desses registros, fica claro para a professora o que seus alunos aprenderam, a evolução de seu vocabulário geométrico e também a necessidade de incluir em seu planejamento atividades que permitam trabalhar a diferenciação entre *pontas* e *lados* e entre *cubo* e *quadrado*.

BRINCANDO COM AS ESFERAS

AS ESFERAS PARECEM BOLAS DE NEVE, PORQUE SÃO BRANCAS E REDONDAS, FEITAS DE ISOPOR.
ALGUMAS SÃO GRANDES, OUTRAS MÉDIAS, PEQUENAS E OUTRAS MAIS PEQUENAS.
COM AS BOLAS PODEMOS JOGAR TÊNIS, FUTEBOL, BASQUETE E VÔLEI.
FOI LEGAL A ATIVIDADE PORQUE DEU PARA MONTAR UM MICKEY, UM BONECO DE NEVE, UMA MONTANHA E UM ROSTO.
A PROFESSORA PEDIU PARA MONTARMOS UMA TORRE, MAS NÃO DEU CERTO PORQUE AS BOLAS SAÍAM ROLANDO OU ESCORREGAVAM PARA TODO LADO.
TEVE GRUPO QUE FICOU SEGURANDO AS ESFERAS MAS, NA HORA DE SOLTAR, CAIU TUDO.
NÃO DEU CERTO MONTAR UMA TORRE, POIS TODAS AS BOLAS ERAM REDONDAS.

JARDIM II A
TEXTO COLETIVO EM 28/03/01

SIGA O MESTRE

NESTA ATIVIDADE BRINCAMOS COM OS CUBOS E AS ESFERAS JUNTOS E DESCOBRIMOS QUE:
QUANDO FOMOS FAZER UMA TORRE COM OS CUBOS DEU CERTO POIS ELES TINHAM PONTAS; NAS ESFERAS NÃO DEU CERTO PORQUE ELAS NÃO TINHAM PONTAS.
(BEATRIZ M., LUCA, MARIANA E TATIANA)

NÃO DAVA PARA FAZER UMA TORRE COM AS ESFERAS PORQUE ELAS ROLAVAM E CAIAM TODA HORA.
(GABRIELA, MARCELLA, MATEUS E REBECA)

NA HORA DE ROLAR O CUBO NÃO DAVA CERTO PORQUE ELE ERA QUADRADO, AS BOLINHAS DE ESFERAS ROLAVAM LONGE.
(ANNA CAROLINA, BEATRIZ T., CAMILA E GUSTAVO)

NÃO DEU PARA FAZER TORRE COM AS ESFERAS PORQUE ELAS NÃO TINHAM PONTAS E ERAM REDONDAS; COM OS CUBOS DEU, POIS ELES ERAM QUADRADOS E TINHAM PONTAS.
(NATÁLIA, RODRIGO P., STEFANO E VITÓRIA)

A ESFERA ROLAVA NO CHÃO DEVAGAR, QUANDO JOGÁVAMOS FORTE ELA ROLAVA RÁPIDO E LONGE; O CUBO NÃO ROLAVA PORQUE ELE ERA UM QUADRADO. COMO É QUE ELE IA ROLAR NO CHÃO? NÃO DAVA, NÉ!
(BEATRIZ M., ISABELLA, MÁRCIO VICTOR E RICARDO)

TEXTO ESCRITO EM 24/04/2001

Assim, a observação aliada ao registro permite ao professor intervir junto aos alunos e planejar as atividades de forma mais adequada à realidade de sua classe.

Outro cuidado em relação à avaliação é o acompanhamento do desenvolvimento dos alunos através da análise de suas produções. O registro das falas, dos desenhos e dos textos feitos pelas crianças mostra o movimento de cada uma delas em relação às metas traçadas no trabalho. Em geometria, o desenho é um dos registros mais importantes para acompanhar as percepções dos alunos e seus avanços.

Vejamos os registros de Beatriz, de cinco anos, em três atividades diferentes. Na primeira delas, a menina desenha um quadrado e na segunda desenha círculos:

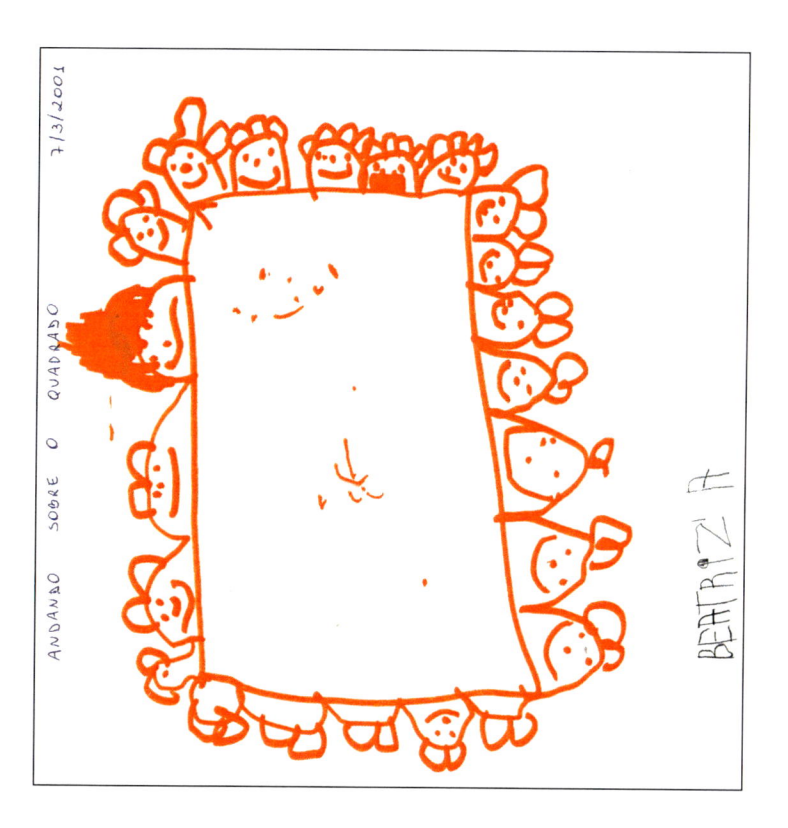

Nesses dois registros, as formas estão presentes, mas não se pode perceber características geométricas das duas figuras, porque o quadrado não tem os quatro lados de mesma medida e os círculos estão bastante distorcidos. Já nos dois registros que seguem, feitos para outra atividade em momentos diferentes, é evidente a tentativa de distinguir o quadrado do retângulo e a preocupação em traçar o círculo com mais cuidado:

Podemos verificar a evolução da percepção das formas geométricas e de suas propriedades a partir dessa sequência de registros. No último registro, Beatriz demonstra sua maior percepção sobre o espaço ao seu redor, pois, além das formas geométricas, ela tentou descrever o local em que aconteceu a brincadeira, mostrando claramente diversas pessoas e uma árvore próxima. Cabe, então, ao professor a leitura desses registros, a qual deve ser guiada pelos objetivos das atividades e orientar intervenções especialmente planejadas para permitir que cada aluno avance a partir do ponto em que se encontra.

Apesar de o processo de aprendizagem ser diferente de um aluno para outro, a análise dos registros de cada um permite acompanhar sua aprendizagem e deve transformar-se em novos registros do professor para retratar o percurso de cada criança e apoiá-lo ao comunicar a pais e à escola as aprendizagens de seus alunos.

Se estamos convencidos da importância de acompanhar a aprendizagem das crianças, parte desse processo é o arquivamento de suas produções. Não se trata apenas de uma pasta na qual são colocados todos os trabalhos do aluno e que, em geral, é enviada para casa, tornando-se, com o tempo, guardado de pais zelosos ou simplesmente desaparecendo.

Dois termos ainda não usuais, mas que se contrapõem às conhecidas pastas, são o *processofólio* e o *portfólio*, empregados por Gardner e Smole para identificar a documentação que permite não apenas que o aluno valorize sua produção, mas que também auxilia o professor a organizar um material que propicie a si próprio e aos pais uma noção da evolução do conhecimento da criança ao longo do período em que o trabalho foi realizado.

No processofólio, são arquivados os registros produzidos pelo aluno ao longo de um período de trabalho, como textos, desenhos e atividades diversas de recorte, colagens e projetos feitos pela criança. Esses registros podem ser relativos a diferentes momentos do trabalho com figuras e formas ou a outros tipos de atividades desenvolvidas.

A cada proposta de registro, o professor expõe ou as crianças comentam oralmente suas produções e as produções de outras crianças. O que se espera com esse procedimento é que a criança dê-se conta de que suas representações em forma de desenhos, textos, ou sinais matemáticos comunicam noções presentes nas atividades vivenciadas, fazendo-se, pouco a pouco, entender pela interação com o outro através desse tipo de registro.

Como já dissemos, é através da interação com as outras crianças e com o professor que os alunos vão aprimorando suas representações e desenvolvendo novas formas de se comunicar. Ao mesmo tempo, a linguagem materna, oral e escrita, a linguagem pictórica e até a linguagem matemática vão desenvolvendo-se naturalmente.

O processofólio seria o representante mais nítido que a criança teria da perdurabilidade de suas impressões, percepções e reflexões, permitindo que esses elementos fossem conservados no tempo e no espaço, o que nem sempre é possível através da linguagem oral ou da memória do professor. Na organização dos processofólios, os alunos têm oportunidades frequentes para folhear e olhar seus trabalhos, o que lhes dá uma possibilidade de ter consciência sobre o número de atividades em que estão envolvidos e dos avanços que realizaram.

Por outro lado, ao final de um período de trabalho, pode-se propor a elaboração de um portfólio, isto é, coletar dentre os registros feitos no processofólio as melhores produções daquele aluno, selecionadas por ele, eventualmente com o auxílio dos colegas e do professor. Esse instrumento de avaliação permite ao aluno participar da organização do seu material e refletir sobre o que nele está contido, ou seja, o aluno mesmo se autoavalia. O portfólio representa o que de melhor ele acredita ter feito, aquilo que deve ser valorizado como suas conquistas e que pode servir para que os pais e a comunidade da escola possam perceber os avanços de cada criança.

Os processofólios permitem que o professor possa refletir sobre que tarefas fizeram mais sentido e surtiram resultados mais efetivos e quais ficaram confusas e necessitam de maiores ou novas explorações e ainda quais alunos apresentam dificuldades ou não perceberam as relações e os conceitos que a atividade envolvia. Já o portfólio mostra a visão de cada criança sobre seu próprio trabalho, confirmando ou não as observações do professor sobre ela.

Assim, os registros do professor em conjunto com os de seus alunos compõem a memória do trabalho realizado, iluminam o caminhar, historiam a vida da classe e de cada aluno e legitimam as decisões tomadas.

Ao concluirmos este livro, esperamos que o professor tenha percebido que possui uma grande variedade de opções para organizar o ensino de geometria na Educação Infantil, mas que esta tarefa requer clareza de objetivos, planejamento cuidadoso e coerência das ações, incluindo aí a avaliação como reguladora do ensino e da aprendizagem.

Também é preciso lembrar que estamos tratando com a criança em uma etapa de sua formação marcada pela brincadeira, pela descoberta de suas possibilidades como pessoa e em relação aos outros à sua volta e pelo encantamento frente ao que é belo, colorido, lúdico. Portanto, não se trata apenas de ensinar conceitos e desenvolver habilidades; é preciso respeitar esse momento importante e garantir aprendizagens marcadas pela alegria de vencer desafios, pela confiança em suas formas de pensar e pela apreciação do que consegue fazer e criar.

Para Encerrar

Acreditamos que este livro tenha trazido para o professor diversas ideias de como diversificar suas ações pedagógicas para que seus alunos tenham novas oportunidades de aprender matemática. Além disso, esperamos ter propiciado reflexões sobre a importância da geometria no ensino e na aprendizagem da matemática na Educação Infantil.

Ao concluir a leitura deste livro, sugerimos ao professor que volte a alguns pontos do texto que para nós são essenciais: releia o item sobre a importância da comunicação, retome algumas sugestões de problemas, faça uma nova leitura da Introdução para perceber mais claramente as relações entre nossa concepção de ensino e aprendizagem, a proposta para a geometria e a prática relatada. Experimente realizar algumas das sugestões com sua classe e, depois, escreva-nos para dar sua opinião, contar sua prática, tirar dúvidas. Nosso endereço é:

Penso Editora Ltda.
A/C de Kátia Stocco Smole, Maria Ignez ou Patrícia Cândido
Av. Jerônimo de Ornelas, 670 – Santana
90040-340 Porto Alegre, RS – Brasil

ANEXO 12 – Sugestões de Leituras

Apresentamos uma relação de livros que podem auxiliar o professor no trabalho com figuras e formas na Educação Infantil. São livros de histórias, paradidáticos, de dobraduras, recorte e colagem. Os livros de história são indicados para os alunos e, por isso, indicamos a idade a partir da qual eles podem ser utilizados.

LIVROS DE HISTÓRIAS

Título	Autor/Editora	Idade
As formas e as cores: quadrinhas dos Filopatas	Elisabeth Bosetto e Simone Goulfier, Ed. Scipione	3 anos
As três partes	Edson Luiz Kozminski, Editora Ática	5 anos
Clact... Clact... Clact...	Liliana e Michele Iacocca, Editora Ática	4 anos
Do fundo da caixinha	Andréa Daher e Zaven Pare, Editora Companhia das Letrinhas	6 anos
Mistério preso no armário	Sonia Junqueira, Editora Moderna	6 anos
O ratinho e a casa	Monique Félix, Editora Melhoramentos	6 anos

LIVROS DE ORIGAMI, RECORTE E COLAGEM

Título/Coleção	Autor/Editora
A arte-magia das dobraduras: histórias e atividades pedagógicas com origami	Lena Aschenbach, Ivana Fazenda e Marisa Elias, Editora Scipione
As dobraduras de Papelino	Lena Aschenbach, Editora Nobel
Brincando com papel	Mari Kanegae e Alice Haga, Editora EDART
Brincando com colagens, recortes e dobraduras	Rosângela Paiva do Nascimento, Editora Global
Brincando com embalagens vazias	Thereza Chemello, Editora Global
Coleção Brincando com dobradura	Gláucia Lombardi, Editora Paulus
Coleção Origami	Atsuko Nakata, Editora Casa Ono Ltda.
O patinho feio	Roberto Martins, Editora Paulus

LIVROS PARADIDÁTICOS

Cadernos dos Carimbos/Cadernos do Pequeno Artesão	Lea Langone e Luise Weiss, Editora Studio Nobel
Cadernos das Pegadas/Cadernos do Pequeno Artesão	Lea Langone e Luise Weiss, Editora Studio Nobel
Formas: a matemática é uma grande brincadeira/Desafios matemáticos	Ivan Bulloch, Editora Studio Nobel

Referências

ALMEIDA, R.; PASSINI, E. *O espaço geográfico: ensino e representação*. São Paulo: Contexto, 1991.
ALSINA, C.; BURGUÊS, C.; FORTUNY, J. *Invitacion a la didactica de la geometria*. Coleção Matemáticas: cultura e aprendizaje. Madrid: Editorial Sintesis, 1995.
CERQUETTI-ABERKANE, F.; BERDONNEAU, C. *O ensino de matemática na educação infantil*. Porto Alegre: Artmed, 1997.
CHEN, J. et al. *Utilizando as competências das crianças*. Porto Alegre: Artmed, 2001. v.1.
Coleção Matemáticas: cultura e aprendizaje. Madrid: Editorial Sintesis, 1995.
COLL, C.; TEBEROSKY, A. *Aprendendo matemática*. São Paulo: Ática, 1999.
CROWLEY, M.L. O modelo van-Hiele de desenvolvimento do pensar geométrico. In: LINDQUIST, N.M.; SHULTE, A.P. (Orgs.). *Aprendendo e ensinando geometria*. São Paulo: Atual, 1994.
CURRICULUM AND EVALUATION Standards for school Mathematics. Reston, NCTM, 1993.
DUHALDE, M.E.; CÚBERES, M.T. *Encontros iniciais com a matemática*. Porto Alegre: Artmed, 1998.
ELFFERS, J. *Tangram: the ancient chinese shapes game*. New York: Peguim Books, 1973.
FERREIRO, E. *Alfabetização em processo*. São Paulo: Cortez Editora, 1985.
GARDNER, H. *Inteligências múltiplas: a teoria na Prática*. Porto Alegre: Artmed, 1995.
GARDNER, H.; FELDMAN, D.H.; KRECHEVSKY, H. (Orgs.). *Coleção Projeto Spectrum: A Teoria das Inteligências Múltiplas na Educação Infantil*. vol. 3 Porto Alegre: Artmed, 2001.
GRANDE, J.J. *Percepção espacial e geometria primária*. Reston, NCTM, 1987, Yearbook, cap. 11.
HANNOUN, H. *El ninõ conquista el medio*. Buenos Aires: Editorial Kapeluz, 1977.
HOFFER, A. Geometria é mais que prova. *Mathematics Teacher*, v.74, p.11-18, jan. 1981.
KALEFF, A.M.M.; REI, D.M.; GARCIA, S.S. *Quebra-cabeças geométricos e formas planas*. Rio de Janeiro: EDUFF, 1997.
KAUFMAN, A.M. et al. *Alfabetização de crianças: construção e intercâmbio*. Porto Alegre: Artmed, 1998.
MACHADO, N.J. *Matemática e língua materna: uma impregnação essencial*. São Paulo: Cortez, 1990.
O'DAFFER, P.G. Geometria: o que será um currículo balanceado e abrangente? In: *Geometry: na investigative approach*. 2.ed. Califórnia: Addison-Wesley Publishing, 1987.

PALANQUE, R.; BOUVERANS, M.J. (Orgs.). *Prépa-math-dossier pédagogique*. Paris: Hachette Écoles, 1988.

RECIO, A.M.; RIVAYA, F.J.(Coords.). *Uma metodologia activa y ludica para la enseñanza de la geometria*. Coleção Matemáticas: cultura e aprendizaje. Madrid: Editorial Sintesis, 1989.

REVISTA DO ENSINO DE CIÊNCIAS, São Paulo: FUNBEC, n.18.

ROHDE, G.M. *Simetria: rigor e imaginação*. Porto Alegre: Editora PUCRS, 1997.

SÃO PAULO (Estado) Secretaria da Educação. *Coordenadoria de Estudos e Norma Pedagógicas*. São Paulo: SE-CENP, 1990.

SMOLE, K.C.S. *A matemática na educação infantil: a teoria das inteligências múltiplas na prática escolar*. Porto Alegre: Artmed, 1996.

SMOLE, K.C.S.; CÂNDIDO, P.; STANCANELLI, R. *Era uma vez na matemática: uma conexão com a literatura infantil*. 3.ed. São Paulo: CAEM/IMEUSP: 1996.

SMOLE, K.C.S.; DINIZ, M.I.; CÂNDIDO, P. *Brincadeiras Infantis nas aulas de matemática*. Porto Alegre: Artmed, 2000.

SMOLE, K.C.S.; DINIZ, M.I.; CÂNDIDO, P. *Resolução de problemas*. Porto Alegre: Artmed, 2000.

SOUZA, E.R. et al. *A matemática das sete peças do tangram*. São Paulo: CAEM/IME-USP, 1995.

VAN DELFT, P.; BOTERMANS, J. *Criative puzzles of world*. New York: Editora Harry N. Abrams, 1978.